市民・国民の念いを！
政治に地方からの風を！

―感謝と感動のチャレンジ人生50年―

岩城光英

22世紀アート

みちのくからの新しい風

～岩城さんとわたし～

童門　冬二

岩城光英さん（ほんとうなら先生と呼ぶべきだろうが、そんな呼び方をすると岩城さんが遠くへいってしまうような気がするので、あえてさんでおゆるしいただく）との出会いは、わたしにとって大きな事件だった。

岩城さんとの感動的な出会いは二回ある。

最初は、東北の市町村長が集まって開いた、

「藤原（平泉）文化サミット」

で、わたしが基調講演を頼まれていわき市にいったときのことだ。このときはまだ、

「地域の歴史を、それぞれのまちづくりに活用する」

という考え方は、それほど地方自治体にひろまっていなかった。この〝藤原サミット〟は、その先駆

をなすものだった。もともと、

「地方自治」

に深い関心を持ち、わたし自身も東京都庁に三十年あまり勤務した経験があるので、現在すすんでいる地方分権の推進ということについては、いまだに熱い気持ちを持っている。しかもわたしは歴史小説を書いて生きているので、この、

「歴史と地域のまちづくりとの結びつけ」

は大いに歓迎するところだった。

いわき市はいうまでもなく、

「日本一面積の広い市」

である。その一角に白水阿弥陀堂《しらみずあみだどう》というお堂がある。ここは、〝浄土庭園〟と名づけられて、

「この世における極楽」

を表現している。静かで美しい庭園だ。この白水阿弥陀堂の由来は、中世にこの地域の豪族だった岩《いわ》城則道《きのりみち》の妻徳尼《とくあま》が、夫の菩提を弔うために建てたものである。山形県の酒田市にも奥州藤原氏にまつわる伝説が残っている。それは、源頼朝に攻め滅ぼされた藤原氏の子孫徳尼が、三十六人の部下をひきいて酒田地域に脱出してきたという伝えだ。三十六人は、やがて商人となり、

「酒田三十六人衆」

となって、東北における、

「自治都市」

をつくり出した。その中心になったのが徳尼である。わたしは、いわき市の白水阿弥陀堂をつくった徳尼が、酒田市に逃れた徳尼と同一ならばおもしろいと思ったが、すこし時代が合わないようだ。が、無理に関連づけて、そんな基調講演をした。それは、奥州藤原氏の願いが、平泉の金色堂に残っている「願文」にあるように、
・日本全体が一日も早く平和になることを祈願する
・合戦で死んだ人間だけでなく、鳥や獣などの菩提も弔う
・東北には、独特の自治がずっと保たれているので中央の人びとは差別感を持たないで欲しい
というものだ。

これはわたしの、

「歴史を地方自治に生かしたい」

という願望にピッタリ適合した。だから、その会場で挨拶を交わしたときの岩城光英さん（当時いわき市長）の胸の中に、わたしと通じ合うような、

「歴史を現代のまちづくりに生かしたい」

という願いを感じ取ったのである。

そんないきさつもあって、やがてある公務員志望者のための雑誌が、

「独特な地方行政をおこなっている首長」

との対談を企画した。わたしはインタビュアーとして、そういう〝やる気のある首長〟を歴訪した。岩城さんと話していて、わたしが、

「期待する現代の首長」

の条件に、これまた完全に適合することを知った。岩城市長はそのころたとえば、市民会館のような公共施設の建設にも、

「市民から直接意見をきいて、その意向を尊重する」

という考えを持ち、将来できれば、

「公設民営」

の方向を出したい意向を持っているようだった。また、市役所内に、

「二十代の職員による市政を改革する会」

のようなものをつくった。この二十代というところがおもしろい。やはり岩城さんは、

「これからのいわき市政を背負って立つのは、二十代の職員だ」

という考えがあったのだろう。この対談集はやがて、

『地方分権の旗手たち』

と銘打って、単行本にされた。その先頭グループに岩城さんが高く旗をかかげていたことはいうまでもない。

岩城さんは、いってみれば、

「東北から吹く新しい地方自治の風」

である。もともと東北地方は〝みちのく〟と呼ばれた。これは、

「道の奥」

と書いた。しかし、道というのは、古代から点と点を結ぶ線をいうのではなく、行政区域という面をさす。そのために、道の奥はやがて「陸の奥」と書かれるようになった。これが「むつ」とか「みちのく」と呼ばれるようになる。しかしいずれにしてもこのいい方は、

「中央から遠く隔たり、文化の遅れている地域」

という、中国から伝わった中華思想のあらわれであることは間違いない。地域に対する差別である。

明治維新のときに、西からやってきた政府軍の士官が、

「白河以北一山百文」

といい放った。

「白河の関から北は、山ひとつにしても百文の値打ちしかない」

という侮蔑のことばである。聞いた明治の政治家原敬《はらたかし》は、これに怒って自分の号を〝一山〟とした。この一山はのちには逸山に改められる。また、あるジャーナリストはこの白河以北一山百文からとって、東北の有力な地方紙「河北新報」を出した。

さまざまな活動は、

「東北地方には、古代から独特の地方自治が存在した」

ということの主張である。岩城さんはその先頭に立っている。そして、いわき市から新しい風を送りつづけている。いってみれば、地方自治の大きな風車だ。その風車が、現在は参議院議員として活躍している。そして、いままでの人生経験を綴って、

『ひたむきに五十年　草の根から二十年――ミッシーの感謝、感激、感動のレース』

を発刊する。

地方自治でとくに問題になるのが、

「東京への諸機能の一極集中」

である。しかし、これは単なる機能の分散だけでは地方の自治は実現しない。むしろ、地域そのものが足腰を鍛えて、

「諸機能を、自分たちの手で吸収する」

という積極性が必要だ。それには、地域が、

「情報の発信源」

になることが必要だ。情報というのはいうまでもなく、

「その地域の特性を吹き立てる風」

のことだ。岩城光英さんの生い立ちから二十一世紀の国づくりの視点までを綴ったこの本は、そういう、

「東北からの新しい風」

を、さわやかな感じで読む人が受けとめるはずだ。

平成十二年十月

目次

はじめに

当確の報を受け、事務所に駆けつける

参院選勝利の瞬間

時計の針は、すでに午後十一時を回っていました。

早々と佐藤雄平候補の当選確実が出て、残る議席はひとつだけ。競り合っている佐藤静雄候補との票差はほとんどありません。

私はまんじりともせず、ホテルの部屋で一人でテレビの開票速報を見守っていました。

平成十（一九九八）年七月十二日の参議院議員選挙・福島県選挙区。郡部の票が先に開いたため、当初、私は佐藤静雄候補に五万票以上の差をつけられました。

その時は、正直言って「落選」の二文字が頭をかすめました。

まだ私の地盤であるいわき市の票はあまり開いていませんでしたが、佐藤静雄候補が強い郡山市の開票も遅れていたからです。

敗戦の弁も考えておかねば、と私は腹をくくりました。

しかし、夜が更けるにつれて徐々に票差が縮まってきました。

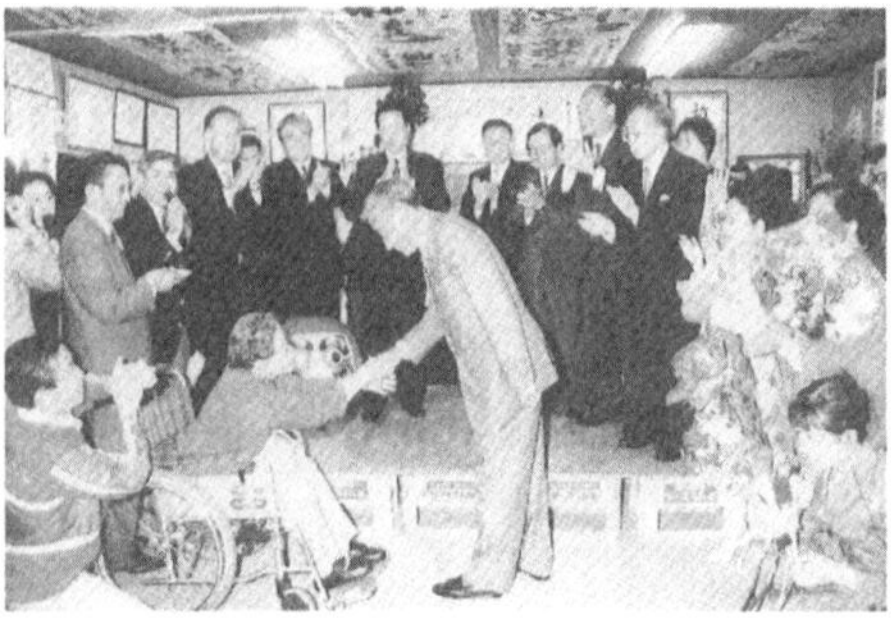

郡山市といわき市の票が開いてきた時点で、初めて私が四百四十票ほどリードしました。

「いけるかもしれない。」

今度は「当選」の二文字が頭に浮かびました。

これをきっかけに私の票がどんどん伸びて、開票速報が出るたびにその差が広がりはじめました。

そして得票差が一万票を超えた時、ついにテレビで「当確」が出ました。

七月十三日午前零時十五分。私が国政への切符を手にした瞬間です。

私と妻の汀子《ていこ》、母義子が、いわき市平谷川瀬の選挙対策本部事務所に駆けつけると、詰めかけていた支持者の皆様から「ウオーッ！」という大歓声があがり、同時に嵐のような拍手と「バンザーイ、バンザーイ」の大合唱がわき起こりました。

私は支持者の皆様一人ひとりと握手を交わしながら事務所の中に入りました。

小針健治後援会連合会長や選対本部長の柳沼秀雄県議をはじめ多くの方々から祝福を受け、壇上に登ると、勝利の実感が改めてこみ上げ、苦しい選挙戦を支えてくださった方々への感謝の思いで自然に深々と頭が下がりました。

花束を受け取って大きなダルマに目を入れ、お礼の挨拶を述べはじめた時には感激で胸が一杯になり、両方の目には知らず知らずのうちに涙がにじんできていました。

最終開票結果は私が二十五万八千四百四十八票で、次点とわずか一万三千三百六十九票差という、まさに薄氷を踏む思いの勝利でした。

私は参議院議員として新たな船出をしたわけですが、ちょうど平成十二（二〇〇〇）年でこの世に生を受けてから五十年、いわき市議会議員に初当選してから二十年が過ぎました。

これを一つの節目と考え、自分の生い立ちや社会に出てからの歩み、市議、県議、市長時代に取り組んできたこと、参議院議員としての抱負などをまとめてみることにしました。

拙い文章ではありますが、この本を読んで、私を育ててくださった方々はじめ多くの皆様に「岩城光英」という人間をより深く知っていただき、いっそうのご指導、ご支援を賜わることができますればこのうえない喜びです。

Ⅰ

生受けて　牛の歩みで　二十五に

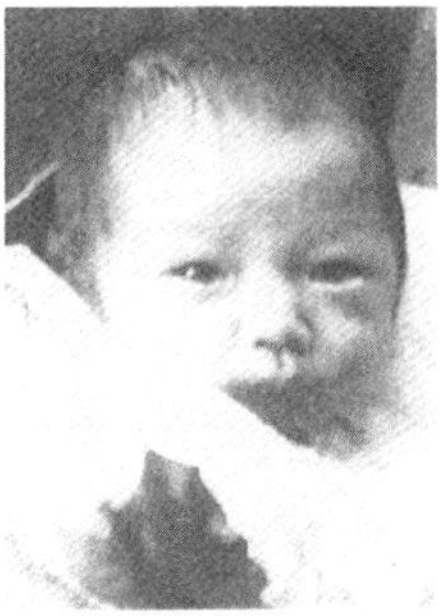

生まれた時は仮死状態

私は昭和二十四（一九四九）年十二月四日早朝、福島県平市田町（現在のいわき市平字田町）にあった鈴木助産院で、警察官の父・光郎と母・義子の長男として生を受けました。丑年です。

父は平警察署（現在のいわき中央署）管内の神谷《かべや》駐在所に勤務しておりました。

福島県の東北本線・松川駅近くで列車が転覆して乗員三人が死亡した「松川事件」があった年です。

予定より一か月早産のうえ難産でした。

母は、私がいわき市議会議員時代の後援会会報に掲載された手記に当時を振り返ってこう書いています。

「光英の出生については、なんと言っても『多事多難であった』の一言に尽きてしまいます。（中略）体重は三・二キロでしたが、仮死状態で生まれたので、一時はたいへん心配いたしました。鈴木大先生の優れた技術によって

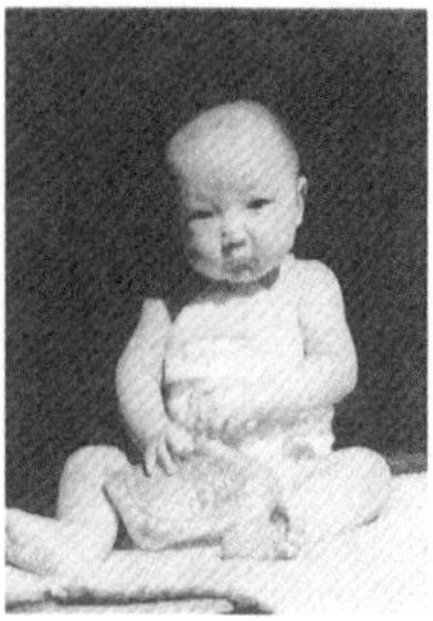

ようやく蘇生いたし、弱々しくも産声をあげた時は本当にうれしくて、涙がとめどもなく流れて困りました。かようなわけで、親子の初対面はそれから数時間後でしたが、難産の跡を顔面全体に残して、まるで『お化けか』と思われるほど、ひどい顔だったことを今でも忘れられません。

前頭部には大きな鉗子の傷があり、右の瞼は赤く腫れ上がり、顔全体がチアノーゼを呈していました。正直言って『こんな醜い子なら生まなければよかった。かわいそうに……』と心の奥底でひそかに思ったものでした」

「お化けか」とはあんまりですが、おなかを痛めた本人がそう言うのですから、よほどひどい面相だったのでしょう。

私の生い立ちを語る場合、祖父母のことから始めなければなりません。

祖父は鹿児島県の錦江湾に面した隼人町《はやとちょう》の元下級藩士の家に生まれ、朝鮮に渡って京城（現在のソウル）で朝鮮鉄道に勤めていました。

そこに福島県三春町《みはるまち》から祖母が写真一枚で嫁に来たのです。

父は十一人兄弟の次男として大正十（一九二一）年に京城で生まれ、祖父

警察官の父と

と一緒に朝鮮鉄道に勤めていましたが、戦争が始まって二人とも現地入隊で戦地へ出征しました。

そして終戦。

まだ乳飲み子を抱えていた祖母は、混乱をきわめていた外地から命からがら脱出し、鹿児島の祖父の実家に身を寄せたそうです。

ただし、祖母といっても、祖父が最初に結婚した女性ではありません。父を生んだ祖母は早く亡くなってしまい、その妹が後添えに来ていたのです。

鹿児島に来てはみたものの、祖母にすれば見知らぬ土地だし、終戦直後の食糧事情の悪いなかで夫の実家に世話になっているのは肩身が狭い。

しかも、夫はいつ帰ってくるのか、全くわからない。

いたたまれなくなって、自分の郷里の三春町に子供を連れて戻ってしまったそうです。

その後、祖父と父も無事に復員してきて鹿児島に行きました。

ところが祖母たちがいないものだから、三春町に来ざるをえなくなった、

家族で（著者は中央、母に抱かれているのが妹の陽子）

といういきさつがあります。

福島県で暮らすことになった父は、当時の「経済監視官」という仕事に就きました。

米などの経済統制に関する仕事だったそうです。

そして昭和二十二（一九四七）年、福島県警巡査になりました。警察官としての振り出しは平警察署で、その管内の合戸《ごうど》駐在所に勤務していた時に、小学校の教師だった母と見合い結婚をしました。

昭和二十四（一九四九）年六月には、左翼系の労働者らが暴徒化して警察署を一時占拠した福島県警史上最大の騒擾《そうじょう》事件と言われる「平事件」に遭遇しています。

そりに乗って

三歳で自民党支持

父は私が生まれる直前の十一月三十日付で、平警察署から会津高田警察署へ異動になりました。

猪苗代湖の西に位置する会津高田町はいわきとは気候、風土が異なる所ですが、父の任地となった赤沢《あかさわ》駐在所はさらに二キロほど山に入った雪深い所で、毎年、冬になると一メートル以上の積雪がありました。

駐在所の隣が村役場でした。

母の話によると、二歳になったばかりの私が、ある日大きな「クマのぬいぐるみ」を持って村長さんに抱かれて帰って来たそうです。

毎日十時ごろになると役場の玄関から一人で入って、職員の居並ぶ中をまっすぐ通り抜けて村長室へ行き、このクマのある前に正座して、三、四十分間じっと眺めては黙って帰っていたらしいのです。

それを一週間も続けたので、ついに村長さんも根負けして、記念の品でしたが、職員に話をして、私にプレゼントすることにしたとのことです。

白虎隊の「剣舞」を舞う

私は二歳にして、〝座り込み〟戦術で自分の欲しいものを勝ち取ったのでした。

次は三歳ごろの話です。

町議会議員選挙たけなわの時、私は自分で古新聞を丸めてメガホンに仕立てあげ、大声で「いわきみつひで、自民党の道を行く！」と連呼して近所を歩いていたそうです。

もちろん私は何も覚えていませんが、母は前出の手記で次のように書いています。

「役場の方々に『大人の誰が教えているのか？』と尋ねられ、何も知らない私共もどういうことなのかと首をかしげて、主人と共にとても恥ずかしい思いをしたことがあります。おじいさま曰く『自民党の道でよかったなぁ』ですって」

それから二十七年後、私が本当に自民党の議員になるとは、両親も祖父も

尾岐小学校に一日だけ入学

思いもよらなかったことでしょう。

四歳の時に、父が赤沢駐在所から同じ会津高田警察署管内の尾岐《おまた》駐在所へ転任になりました。

生まれ育った赤沢を離れるということは、近所の幼なじみとも別れなければならないということです。

それを母から知らされた時、子供心にも言いようのない寂しさがこみあげてきて胸が張り裂けそうに辛かったことを、今もおぼろげながら覚えています。

尾岐では小学生になるまでの約二年間を過ごし、昭和三十一（一九五六）年四月、一日だけ地元の尾岐小学校に入学して再び父の転勤によって引っ越すことになりました。

弁償好きな小学生

新しい父の勤務地は田村郡の小野町でした。

田村郡には坂上田村麻呂のいわれがあり、小野町は小野小町が生まれた所だと言われています。

私は小野新町《おのにいまち》小学校に転校しました。転校といっても入学式の直後だったので、わりと早く新しい学校や友達になじむことができたように思います。

しかも、それから六年間は父の異動がなかったため、私は卒業まで小野新町小学校で学ぶことができました。

当時の同級生は、今も県内のあちこちで私を応援してくれています。こんなことなら、もっと数多く転校していればよかったなと思うほどで、同級生の絆は本当にありがたいと感謝しています。

小学生時代の思い出はそれこそ山ほどありますが、自分ではしっかりと覚えていないのが「弁償が好き」という変な癖（?）です。

母によると、たとえば当時住んでいた町営住宅内の道路で友達とボール遊びをしていて他の子が投げたボールで近所の家のガラス戸が割れた時、自宅に戻って、

「僕のボールが当たって割れてしまったのだから、お母さん一緒に行って謝って！」

小学校一年生のクラス写真

と頼んだそうです。

あるいは、学校で体育の時間に雪合戦をした際、誰が投げたかわからない雪玉が先生の顔に当たってメガネが壊れたことがありました。

その時も私は帰宅するなり、

「僕の投げた玉が先生のメガネに当たって壊してしまったから弁償して！」

と言ったらしいのです。びっくりした母が慌てて学校に謝りに行ったところ、先生は、

「光英君は遠くのほうから投げていたので、当たりっこない」

と弁償の申し出を固辞されたとか。それでも私が、

「自分の投げた玉をこの目でずうっと見ていたら、先生のメガネに当たって落ちて壊れたんだ」

と言い張ってきかないものだから先生も困ってしまい、母は仕方なくメガネ代を弁償したそうです。

遠足の日、出発前に同級生と（前列左端が著者）

酒好きになった理由

もうひとつ忘れてならないのは、この時期に私の「ある体質」が形成されたということです。

「ある体質」とは、よく言えば「酒に強い体質」、悪く言えば「酒好きな体質」です。

それは小学校一年生の二学期初めのＢＣＧ接種に端を発しました。

私はなぜか幼いころに自然陽転していたので、ツベルクリン反応は陽性であることを母が担任の先生に伝えてあったのですが、その日はあいにく担任の先生が不在だったため、私もＢＣＧ接種を受けてしまったのです。

それから二、三日後に熱を出し、四十度近い高熱が一週間も続きました。

校医が毎日往診してくれたそうですが、一向に快復せず、ついに本格的な胸部疾患になってしまい、二学期いっぱい学校を休んで自宅療養せざるをえなくなりました。

その時、非常に心配した両親が、友人知人から病気に効くと聞いたものは

町営住宅の家で、近所の遊び友達と（右が著者）

何でも買って私に与えました。

その特効薬のなかに、問題の「マムシの焼酎漬け」があったのです。

父はそれを一升瓶で買ってきては少しずつフラスコに移して蜂蜜と混ぜ合わせ、毎晩寝る前に盃一杯ずつ、いやがる私に飲ませました。

この特効薬を三年間も続けたおかげで体のほうはかなり丈夫になりましたが、四年生になったころには、好んで自分から「マムシの焼酎漬け」を飲むようになっていました。しかも、自分で勝手に量を増やしてグビグビと飲んでいたそうです。

父も最初のうちは「飲みっぷりがいい」と喜んでいたらしいのですが、それにも限度というものがあります。四年生の終わりごろには「このままいくと大酒飲みになってしまうぞ。そろそろやめさせようか」ということで、特効薬の服用を中止することになりました。

私は毎日の〝晩酌〟を楽しみにしていた（？）ので後ろ髪を引かれる思いでしたが、親の決めたことには逆らえません。

しぶしぶ〝晩酌〟の習慣に終止符を打ちました。

しかし「時すでに遅し」だったようです。

三年間の〝晩酌〟によって、私は十歳にして無類の「酒好き」になっていました。

長じて社会人になった私が上司や取引先に最も褒められることはと言えば、「酒に強い」ことだけでした。

威張れる「体質」ではありませんが、飲む機会の多い政治家という職業に就いてからは、けっこう役に立っているような気がします。

中学時代、小名浜の家の前で

小名浜第二中学校から磐城高校へ

幸い小学生の六年間は同じ小学校で過ごすことができましたが、中学校もそのまま同級生と一緒に進学、というわけにはいきませんでした。

小学校卒業と同時に三たび父が異動になったのです。

今度の任地は磐城警察署（現在のいわき東署）の水上派出所。

磐城市（現在のいわき市小名浜）に引っ越した私は、小名浜第二中学校に入学しました。

その時にびっくりしたのは言葉です。小名浜二中は漁業関係者が多い地区の学校なので、生徒たちの気性が強くて言葉も荒っぽい。

穏やかでのんびりとした山あいの会津高田町や小野町のそれとは全く違っていたのです。

しかも小名浜は茨城県に近いため、言葉も茨城弁に似ていてなまりがあります。自分の言葉を笑われたこともあって、最初はものすごく戸惑いました。

でも、同級生から仲間外れにされたり、いじめられたりはしませんでした。

中学校のブラスバンド部で
（後列中央、大太鼓が著者）

昔の子供の間には「ガキ大将と家来」みたいな関係はあっても、今のように大勢で一人をいじめたり無視したりするような、陰湿ないじめはなかったと思います。

中学校では、三年間を通して勉強だけはよくやりました。

というのも、入学して最初の中間テストの成績がたまたま学年で一番だったからです。

それで先生や親の期待が高まってしまい、自分でも学年トップの座を守らなければいけないと思うようになりました。

中学生時代は勉強ばかりしていたような、させられていたような感じで、今考えると、もうちょっと別なことをしておけばよかったな、と後悔しています。

運動のほうはもともと体が弱かったので、あまり好きではありませんでした。

とくに嫌いだったのは体力テストです。

短距離走、ボール投げ、垂直跳び、反復横跳び、伏臥上体そらし、立位体

高校入学時のクラス写真

前屈、背筋力、握力……どれをとってもビリに近い数値でした。

懸垂なんて一回もできない。

しかも体力テストは女子と一緒にやるから、恥ずかしい。

とにかく学校で一番嫌な時間でした。

そういう事情もあって、私はひたすら勉強に打ち込んだわけです。

そのかいあって、高校受験ではいわき地域でトップの進学校・磐城高校に合格しました。

昭和四十（一九六五）年春のことです。

しかし、高校生活はすぐ暗礁に乗り上げました。

原因は長距離通学です。

自宅がある小名浜から磐城高校がある平までは電車通学でした。しかも直通ではなく、泉という駅で常磐線に乗り換えなければならないので片道一時間ぐらいかかりました。

これが体力のない私にとっては大きな負担となり、通学が辛くなってきたのです。

私の体を案じた両親は一年生の夏休み、磐城高校のすぐ近くの「お城山」に古い住宅を買い求めました（それが現在の自宅です）。

父が単身で小名浜に残り、私と母と妹が平に住むという別居生活を送ることにしたのです。

そうまでしてくれたにもかかわらず、結局、どうしても通学できなくなり、翌昭和四十一（一九六六）年の一月から休学を余儀なくされました。

高校一年生、平の家の前で妹と

休学のプラス

復学したのはその年の九月。

一年生のやり直しです。

しかし、人生というのは何が幸いするかわかりません。結果的にこの八か月間の休学は、私の人生観を変える大きな転換点になりました。

もちろん最初は挫折感がありました。

でも、その時に私は「今さらくよくよしても仕方がない。どんな経験でも必ず自分の肥やしになるはずだ」と考えるようにしました。

つまり、嫌なことや辛いこともマイナスには考えず、プラス思考を心がけるようにしたのです。

もうひとつ考えたのは「積極的になろう」ということです。

それまでの私は、厳格な父の影響もあって、消極的な人間でした。

たとえば、中学校時代に友達からどこかに遊びに行こうとか泊まりに行こうと誘われても、親に言い出せないでいました。マンガを全く読まなかったので、友達と話が合わなくて困りました。

遊びに出かけたりマンガを読んだりすれば、父に怒られるのがわかっていたからです。

高校二年生、教室の中で（左から三番目が著者）

でも、休学を機に、ある事をやるかやらないか迷った場合は、あれこれ考えずに行動することにしました。

取り組まないで悔やむよりは、行動してその結果がどうなろうと自分自身は納得できるからです。

前向きに行動する方向へと、意識的に自分を仕向けていったのです。

休学中は映画を観たり、本を読んだり、体力をつけるための工夫をしたりして、精神的な充電と肉体的なリハビリに努めました。

映画は『荒野の七人』や『ミクロの決死圏』などの洋画ばかりで、本は伝記物を好んで読みました。

ふだんは父が家にいないので、自分の好きなことをして過ごしました。

父は週一回ぐらい帰ってきたように思いますが、その時は家の中がピリピリして大変でした。

休学したことで先生や親の期待もしぼんだため、復学後はそれまでの勉強一辺倒の生活から一気に解き放たれました。

自分を縛っていたものがすべてほどけたような状況になり、精神的な重荷

高校三年生、列車の中で

がなくなったわけです。

しかも、同級生は本来なら自分より一年後輩だから、競争意識もなくなりました。

人間的にはそれでよかったと思っています。

といっても、全く勉強せずに遊びほうけていたわけではありません。

そこそこに勉強する一方で、クラブ活動や生徒会活動を熱心にやりました。

歴史が好きだったので史学クラブに入り、考古学や民俗学の興味を持ったことについて調査・研究し、最終的には部長になりました。

生徒会のほうは二年生の冬に副会長に立候補しました。対立候補がいなかったので信任投票となり、三年生の夏まで半年間務めました。

休学のプラスはそれだけではありません。

私が高校に入学したころの定員は一学年五百五十人だったので、一年生を二回やったことによって同級生が二倍の千百人になり、その同級生たちが、将来の私の選挙を支える〝中核部隊〟になってくれたのです。

上智大学に推薦入学

大学は推薦入学で上智大学の法学部に進みました。

磐城高校には上智の推薦枠が二つあったので、受験勉強が嫌だった私はそれを活用させてもらったのです。

当時の上智は、まだ地方ではあまり名前が知られていなかったため推薦入学の希望者が少なく、すんなりと合格しました。たしか九月ごろには決まっていたように思います。

それ以降は必死に受験勉強している同級生を尻目に、のんびりと残りの高校生活を満喫し、友達に羨ましがられました。

私は休学するまでは融通の利かないガリ勉タイプでしたが、そのころにはずいぶん要領がよくなっていた（?）わけです。

実は、磐城高校としては翌年以降のこともあるので、私に上智の売り物である外国語学部の英語科へ進んでほしかったようです。

しかし、私は生意気にも「英語は独学でも勉強できますから。」と言って法

卒業式の日、同級生と（中央が著者）

学生寮の歓迎コンパで（最前列左端が著者）

学部を選びました。

父が警察官だったことも影響していたのかもしれませんが、担任の先生の期待に添うことはできませんでした。

東京での大学生活に対する大きな希望と小さな不安を胸に上京した私は、上智の四谷キャンパスの中にある学生寮に入りました。

二人一部屋で、備え付けのベッドと机以外には、ほとんど使えるスペースがない狭い洋間でしたが、そこでの生活はまさに〝未知との遭遇〟でした。

というのも、私にとって初めての一人暮らしのうえ、寮には北海道や九州、関西、同じ東北でも青森、秋田など全国各地から学生が集まっていたので、見るもの聞くものすべてが新鮮だったからです。

それぞれ話す方言も違えば、考え方も違う。

私は同世代の子供に比べると社会的な経験が少なかったため、ものすごく大きな刺激を受けて、いろいろな意味で目を開かせられました。

それに加えて面白かったのは、寮の舎監であった外国人教授たちとの触れ合いです。

舎監はアメリカ人やスペイン人などの神父で、各学年ごとに一人ずつ、それに舎監長と合わせて五人ぐらいだったと思います。

寮の前に教授館という教授専用のアパートがあるのですが、舎監は寮の中に住んでいるので、時折りその部屋に呼ばれて酒を飲みながら話をしたのです。

香港大学に短期留学

とくに興味深く耳を傾けたのは、外国の大学や学生の様子に関する話でした。その影響で、二年生の夏休みには香港大学の短期留学プログラムに三週間ほど参加しました。そこでの授業はすべて英語でした。毎日午前中は授業を受けて、午後からは現地の学生と交流したり、観光に出かけたりして、実に有意義な経験をしました。
楽しい寮生活でしたが、二年生の冬に寮を出ることになりました。
私より一年遅れて東京の大学に入学した妹と一緒に、小田急線の梅ケ丘にアパートを借りて住むことになったからです。
私と妹は二歳違いですが、私が高校に一年多くいたので学年は一年違いになり、妹も上京して十か月ぐらいは大学の寮に入っていたのです。

合コンで（右から二番目が著者）

アパートの名前は「橄欖荘《かんらん》」。

橄欖というのはオリーブのことだそうで、私の仲間からは「オリーブマンション」と呼ばれていました。しゃれた名前のとおり古い洋館の屋敷で、内部の部屋を区切ってアパートに改造した建物でした。

もちろん風呂はなく、共同トイレが一つだけ。

私たちが入居した一号室は広さが六畳ひと間で、その脇に作り付けのベッドと小さな台所がありました。

私は大学卒業までの二年余り、妹と一緒にそこで暮らしました。

合気道部の同級生と合宿で
（右から三番目が著者）

合気道部で心身を鍛える

私は社会へ出る前に人並みの体力をつけておかねばならないと考え、大学一年生の六月に運動部に入りました。

それも同好会ではなく、体育会の合気道部です。今思えば、かなり無謀なことでした。

本当は少林寺拳法をやりたいと思っていたのですが、上智大学には少林寺拳法部がありませんでした。

その時たまたま友人から合気道部に勧誘され、「女の子でもできる」という、うたい文句を信じて入ったのです。

体育会といっても上智の合気道部の場合、稽古は女子部員も一緒なので、他の大学に比べれば多少甘かったのかもしれません。

しかし、私にとってはきつかった。今でも鮮明に憶えているのは、最初の夏の合宿に参加した時の失態です。

私は型の稽古をしていて投げられた際、それまでの稽古で疲労困憊して

大学の学園祭で演武を披露

いたために受身が取れず、頭を強打して救急車で病院行きになってしまったのです。

幸いたいした怪我ではありませんでしたが、残りの合宿中はみんなの稽古を尻目に部屋で寝ていなければなりませんでした。

我ながら情けなかったですね。

私が単なるスポーツではなく合気道という武道を選んだのは、強くなりたいという願望があったからです。

父が剣道をしていたこともあり、実は高校時代から武道に憧れていて、休学する前に一度、柔道部に入ったことがあるのです。

しかし、一か月ともたずに辞めました。基礎体力がないため、練習についていけなかったのです。

そういう苦い経験があったので、今度の合気道はこのまま終わりたくないという思いが強く、夏合宿の失態にもめげず稽古に励みました。

そのかいあって卒業まで続けることができ、四年生の時には三段となって主将も務めました。

日大合気道部の合宿にて（前列中央が著者）

とはいえ、最初のうちは稽古のたびにへとへとになりました。

とりわけ苦手だったのは腕立て伏せです。なにしろ懸垂ができないのだから推して知るべし、です。

でも、合気道は腕の力に関係がない武道だと言われています。

しかも、決められた型を相手に仕掛けたり仕掛けられたりの反復練習をするだけで、試合がない。

だから体力のなかった私でもついていけたのだと思います。

その合気道が、まさに大学生活の中心でした。

二年生の後半からは部活だけでなく、代々木にあった養神館本部道場へも技を習いに通いました。

下級生を教える立場になったことに加え、下手な指導をしていると時々見学にくるOBに怒られるからです。

そして三年生になったころ、たまたま師範が日本大学のOBだった縁で日大の合気道部と交流を始めました。

なにしろ日大ですから、まさに正真正銘の体育会です。部員の数が多く、

大学四年生のころ

百八十センチぐらいの大男がゴロゴロいて、上下関係の厳しさも上智とはぬるま湯と熱湯ほど違っていました。

下級生は上級生の使い走りや洗濯はもちろん、風呂に入ったら背中を流したりしなければなりません。

私自身は日大合気道部との交流が面白かったので、一人で向こうの合宿に参加したりもしていました。

自分は三年生、四年生で客人扱いだったため、あちらの上級生と同じような手厚い待遇を受けていました。

合気道部の活動を四年間やり通したことは、大きな財産になりました。とくに、寮での人間関係とはまた違った意味で、同期生とのより親密な横の関係や先輩後輩の縦の関係をきちんと学べたことは、その後の人生にとって非常に良かったと思っています。

一方、勉強のほうは高校までの反動もあって、あまりしませんでした。といっても、ちゃっかり推薦入学したように高校休学後は要領がよくなっていたので、単位は少しぐらい落としても大丈夫なように多めに取っていました。

このため、三年間で卒業に必要な単位数をほぼ取り終え、四年生になった時はほとんど授業に出なくてもいいような状況になっていました。

現在国会議員として、国の政策論議等に臨むと、高度な専門知識が要求される場合があるので、もうちょっと真面目に勉強しておけばよかったな（？）、と少し後悔しています。

「サントリー」に入社

大学四年生の最大の悩みといえば、今も昔も就職です。

私は両親の意見も聞かねばならないと思い、福島の実家へ帰省した際に相談することにしました。

前述したように、小学生時代に体を丈夫にするために常用した「マムシの焼酎漬け」のせいで酒好きな体質になっていた私は、大学生の時には酒が大好物になっていました。

このため、帰省した際には、たまに父と酒を酌み交わすようになっていたのですが、いつも会話をせずに黙々と飲んでいました。

父と母が話し、母と私が話す。しかし、父と私の間にはほとんど会話がない。父に聞かれたことにだけ答えるという感じでした。

そういう父と息子の関係だったので、なかなか就職のことは切り出しにくかったのですが、試しに「福島県警の警察官になろうかな」と言ったら、即座に父が反対しました。

警察官になるなら国家公務員の上級職、いわゆるキャリアにならなければだめだ、と言うのです。

父は巡査からスタートして巡査部長で終わった人間ですが、時折、ノンキャリアの悲哀を漏らしていました。

県警には警察庁から若いキャリア組が本部長として赴任してきます。その若い本部長が各警察署にやってきて訓示をたれるわけです。戦争を経験している父にとって、現場の苦労を知らない若い上司から説教されるというのはとても嫌だったようです。

結局、父も母も「自分の好きなようにしなさい」と言うだけでした。しかし、とくに何かやりたい仕事があるわけではなかったので、とりあえず東京で企業の入社試験を受けることにしました。

卒業は昭和四十八（一九七三）年三月です。オイルショックが起きた年ですが、まだ企業の求人は多く、就職活動は今ほど大変ではありませんでした。

私は「サントリー」、「ニッカウヰスキー」、不動産会社、商社など脈絡のない五、六社の試験を受けて、「サントリー」に合格しました。

「サントリー」と「ニッカウヰスキー」を受けたのは、酒好きだからではありません。友達に付き合ったのです。

「サントリー」は大学生に人気の高い企業だったし、私はペーパーテスト

サントリーの入社式で

もできなかったので、受かるはずがないと思っていました。

ところが、その友達は落ちて、私のほうが受かってしまった。

自分でもキツネにつままれたような気分でしたが、酒が好きだからいいか、という軽い気持ちで入社しました。

同期入社にはバレーボールのオリンピック選手・大古誠司さん（元全日本男子チーム監督、現「サントリーサンバーズ」副部長）がいました。

わずか二か月で退社

私の配属先は「東部洋酒営業部販売第一課」でした。

ウイスキーをはじめとする洋酒の販売促進が仕事です。

当時の「サントリー」のウイスキーは「レッド」「ホワイト」などが大衆向けの主力商品で、まだ庶民にとって「角」は高級品、「オールド」は高嶺の花でした。

私は足立区の担当になり、区内の問屋と小売店と飲食店をルートセールスに歩くのが日課になりました。

夜は上司から「金を落としてこい。」と指示されて、飲食店街のバーやスナックを一晩に五、六軒回って飲むわけです。

最初は遠慮しながらカウンターに座ってチビチビと飲みながら、マスターやママさんと話をするきっかけを探します。すでに「サントリー」を置いている店にはお礼を言って新商品を売り込み、「ニッカ」を置いている店の場合は「サントリー」に替えてくれるようお願いする、という具合です。

飲み代は立て替え払いで、領収書をもらって帰れば翌日会計課でくれるという仕組みになっていました。

足立区のバーやスナックだから高級な店ではありませんが、酒好きな私にとっては〝天職〟のようなものだったので、とても楽しい仕事でした。

しかし、問題は昼間の仕事のほうでした。問屋と小売店を回って販売促進につながる営業活動をするわけですが、性格がセールスマンには向いていなかったようです。

ちょうどウイスキーやビールの値上げの時期だったので、噂を聞いた問屋や小売店は在庫を抱えるかどうかを判断するために、その情報を早く知りたがっていました。

ところが、会社からは直前まで漏らすなと命じられています。板挟みになった私は、商売の呼吸がわからないため、問屋や小売店をうまく扱えなかったのです。

自分では真面目に対応したつもりですが、相手からは融通が利かないとみなされたりもしました。

そんないきさつがあって、自分には販売促進のための駆け引きはできないな、と痛感したわけです。

知っていても知らないと言わねばならない。嘘をつくわけではありませんが、父からそういうことを絶対にしてはいけないと言われて育っただけに、それを要求されるのは大きな苦痛だったのです。

私は退社を決意し、六月十日に辞表を出しました。

入社からわずか二か月後のことです。

退社は熟慮を重ねたうえでの決断ではありませんでしたが、全く後先を考えていなかったわけでもありません。

就職試験で不動産会社を受けた時から関心があった、不動産鑑定士の資格を取ろうと思ったのです。

そのために九月から不動産の専門学校に入りました。

ただし、それは漠然としたもので、今後のためには何か資格を持っていたほうがいいだろう、というぐらいの気持ちでした。

そしてそれ以降、私の有為転変の人生が始まったのです。

Ⅱ　帰郷して　政《まつりごと》への　志《こころざし》

小田原の海岸にて

父の病で帰郷

昭和四十八（一九七三）年六月に「サントリー」を辞めてから、私は一年ほどアルバイトで生活していました。

午前中は給食会社から派遣されて、目黒にあった企業の食堂で昼食の調理の手伝いです。

午後は飯田橋の専門学校に通い、夜は日本大学の合気道部の先輩が経営していた焼鳥屋で働いていました。

この焼鳥屋は戸越銀座にあって、梅ケ丘のアパートに帰るのは終電近くでした。

どちらも飲食関係のアルバイトですが、実は私は相当な味音痴なのです。うまい、まずいがほとんどわからず、食べられれば何でもいいタイプです。今でも何がおいしいかといったことには全く興味がありません。

というより、どんなものでも私にとってはおいしいのです。

社員食堂では言われた通りに調理しているので問題はなかったのですが、

友人の結婚式で、合気道部の斉藤師範と同期の倉地君と

焼鳥屋ではそうはいきません。

自分が食べられるものだから、生焼けのままお客さんに出したりしてしまうのです。

先輩もこれではまずいと思ったのでしょう。こう言われてしまいました。

「岩城君はお客さんの相手をしていればいいよ。勧められたお酒だけ飲んでいればいいから。」

すでに述べたように、私は小学生時代に「マムシの焼酎漬け」で鍛えられたので酒の強さには自信がありました。

結局、私は料理を作ることはせず、店のお酒の〝消費拡大〟に貢献するのが仕事のようなものでした。

そういう生活を送っていた昭和四十九（一九七四）年の八月、母から電話がありました。

父が入院したというのです。実は前の年にも入院していて、今回は急に容態が悪化したようです。

父は胃ガンでした。

母の話では、医師から「余命一か月」と宣告されたそうです。

母も覚悟しているようでした。前回の入院の際は何も言わなかったのですが、さすがに今回は観念したのでしょう。

母は帰ってこいとは言いませんでしたが、私はすぐにいわきに帰ることにしました。

私は長男なので、もともと将来はいわきに戻るつもりでいました。それが早まっただけだ、と考えることにしました。

そして、母と共に父の看病にあたることになったのです。

父は当時、いわき中央警察署管内の四倉派出所長を務めていました。階級は巡査部長でした。

四倉は海の近くで漁業が盛んな所です。

私と母は官舎に寝泊まりしながら交替で病院に通いました。

病状は次第に悪化、どちらか一人が病院に泊まり込まねばならなくなりました。

ガンが内臓全体に転移していったのです。

痛み止めの注射の副作用もあって、父は意識が混濁するようにもなりました。わけのわからないことを口走ったりするのです。昼間は眠って、夜になると目を覚ますという毎日でした。

若い私は平気でしたが、母は大変だったと思います。

死ぬ十日ぐらい前、父がこんなことを話していたのを覚えています。

「もう一度、官服を着て四倉の海岸を警らしたい……」

四倉の海岸は海水浴場になっていて、夏は派出所も警備でとても忙しくなります。

その時期に入院したので、父も気になっていたのでしょう。

死ぬまで父は警察官でした。

結局、父は約四か月入院して、十二月四日に息を引き取りました。まだ五十三歳でした。

奇しくもこの日は私の二十五歳の誕生日で、父の死亡時刻も私が生まれた午前三時半ごろでした。

余命一か月と宣告されていたので、私も母も父が十二月までもつとは思っていませんでした。実際、墓の手配の準備もしていたくらいです。

それが、私の誕生日まで生きていてくれました。何か運命のようなものを感じてならないのです。

父は父なりに私のことを心配してくれていたのかもしれません。

ＯＢとして合気道部の合宿に参加

いわきで母と生活

父が亡くなってから、私はいわきの実家で母と暮らすようになりました。

父の看病に戻った時から、そうすることは決めていました。

葬式を終えて、母とこれからどうするかを話していた時、なぜか私は「市議会議員になりたい」という話をしました。

その時はまだ政治に関心があったわけではないので、どうしてそういうことを言ったのか、自分でもわかりません。

その時は母も笑って「それはそれとして、仕事を見つけないと……」ということで話は終わってしまいました。

まさか四年後にそれが現実のものになるとは、私も母も想像だにしていませんでした。

私は知り合いの紹介で、昭和五十（一九七五）年二月からガードマンの仕事に就くことになりました。

「日本警備保障（現在「セコム」）」がいわき市内に開設した営業所に入った

ガードマンのころ、仕事の合間に同僚とキャッチボール

のです。

ガードマンは父の職業であった警察官と似た仕事であり、私も合気道三段だったので抵抗はありませんでした。

ガードマンは契約している会社や公共施設や家の警報が鳴るとすぐに駆けつけるわけですが、いわき営業所はエリアが広かったので、車の中で仮眠して待機していました。

少しでも速く現場に到着することが信頼につながるからです。

私が勤めている間は、ガソリンスタンド荒しが一件あっただけで、運良く危険な目にも遭わずにすみました。

今でもはっきりと記憶しているのは、完成したばかりの「いわき市文化センター」の巡回警備を担当したことです。

夜中に広い館内を回っていると、自分の靴音だけがコツコツと響くのです。さすがにいい気持ちはしませんでした。開館前だったので、建材の新しいにおいも強く、今でもはっきりと覚えています。

その年の冬に、私はインテリア関係の会社に移ることになりました。

その会社が人を捜していて、営業所の上司が私を紹介したのです。

その会社は営業所の顧客でしたから、私は契約と引き換えにトレードに出されたようなものでした。

新しい会社は社長以下三名の小所帯でしたから、営業から工事まで何でもやりました。

この時の経験が、政治の世界に入ってからとても役立つことになりました。

というのも、住宅関係の工事には、大工さんや左官屋さん、畳屋さんなど多くの職種の人たちが関わります。

そういった人たちと上手にコミュニケーションをとっていかなければ、仕事は前に進みません。

私は職人さんたちとの付き合いを通じて、人情の機微や人間関係のコツのようなものを勉強させてもらいました。

この時に知り合った人たちとの関係は現在も続いており、私の大切な財産になっています。

沼田一之さん

選挙の手伝いから政治の世界へ

インテリア会社で働いている時、私は十二指腸潰瘍になって入院することになりました。

昭和五十一（一九七六）年六月のことです。

そのため、残念ながらこの会社を退職することになってしまったのです。

しかし、この病気が政治の世界へ足を踏み入れるきっかけになりました。

同じ年の九月に、いわき市の市議会議員選挙が行われたのです。

そのころ、私は退院してブラブラしていたので、大学の先輩の勧めで市議会議員の沼田一之さんの選挙を手伝うことになりました。

沼田さんは合併前の内郷市で市長を務めた方の息子さんで、私の高校、大学の先輩にあたる人です。

この選挙で二度目の当選をめざしていました。

公示前は事務的な仕事をこなし、選挙戦に入ってからは沼田さんと一緒に行動するようになりました。

菅波茂選挙事務所にて（右端が著者）

結局、沼田さんは当選を果たし、私は再び無職の生活に戻りました。

その時、私は高校時代の親友と何か商売を始める計画を練っていました。計画といってもそれほど綿密なものではなく、二人でユニフォーム製造の会社でも興そうか、という程度の話でした。

ところが、その年の十一月に衆議院が解散し、十二月に総選挙が行われることになりました。

そして、沼田さんから「自民党のいわき総支部に来てくれ」という連絡がありました。

福島三区選出の代議士、菅波茂先生の選挙を手伝ってくれというのです。

菅波先生はもともと医師で、当時の三木派に所属していました。

それで私は事務方のスタッフとして選挙事務所に通うことになったのです。

はがきの手配や秘書の方とスケジュールの打ち合わせをしたり、後援会役員の地区回りの調整を担当したりしました。

そのころはまだ事務所で酒が飲めた時代ですから、夜になると事務所の食堂で開かれた酒宴に参加していました。それを楽しみに集まって来る人もいたほどです。

私にとって二度目の選挙の手伝いになったわけですが、やはり市議会議員の選挙と総選挙では規模が全く違いました。

市議会議員選挙はいわき市の内郷地区が選挙区でしたが、福島三区はいわき市はもちろん、浜通り全域が選挙区になっているのです。

この選挙では、菅波先生は自民党の斉藤邦吉先生、後に私と市長選で争う社会党の上坂昇先生とともに当選を果たしました。

そして、この選挙戦を通じて、私は非常に多くのことを経験し、政治という仕事に関心を持つようになりました。

大きな選挙だっただけに、人間関係も広がりました。いろいろな人と知り合うことが面白いと感じられたのです。

今でも若い人たちに話すことですが、選挙を手伝うことで普通なら会えない人にも会え、話をすることもできます。

私自身、選挙の応援に来た国会議員や県議会議員、企業の社長さんたちと接することができたのは、とても刺激的でした。大臣クラスの人を迎えると、私たち若いスタッフは運転手役を務めたくてしょうがなかったものです。

そして、これを機に私も政治の世界に次第に入り込んでいくようになったのです。

学習塾を開く

総選挙が終わり、私は市内で小学生と中学生を対象にした学習塾を開くことにしました。それまでにも知り合いや近所の人に頼まれて子供に勉強を教えたことがあり、沼田さんも学習塾を勧めてくれました。

沼田さんご自身も防水関係の会社を興しており、「政治に関わるのなら、別に収入源を持っていなければだめだ」という考えを持っていました。それで、私にも仕事を持つように勧めたのです。

高校の同級生が小名浜で学習塾を開いていて、いろいろとノウハウを教えてもらいました。不要になった机や椅子などの備品も譲ってもらい、自分で買ったのは黒板くらいでした。

ちょうど母が父の退職金で市内の内郷御台境にアパートを建てていたので、そこに一部屋を借りて「英智学館」の看板を掲げました。

昭和五十二（一九七七）年の四月でした。私のほかに高校時代の親友も手伝ってくれることになり、女性の先生を一人採用して、三人でスタートしたのです。

「英智学館」は補習塾の色合いが強い塾でした。

子供たちとは勉強だけでなく、一緒に遊んだりもしました。子供たちに囲まれていたこの頃が、一番楽しかったような気がします。

学習塾は夕方から始まるので、昼間は時間的に余裕があります。

それを利用して、私は沼田さんの事務所に通い、議員活動の手伝いをしていました。

沼田さんから誘われたということもありましたが、やはり私自身の政治への関心が強まっていたのでしょう。

沼田さんの事務所では、主に後援会対策を担当していました。さまざまな会合の場を設けたり、本人の代理として挨拶に回ったり、会報づくりや盆暮れの届け物の配達もしました。実質的に私設秘書のようなものです。

当時、沼田さんは口癖のように「保守系の政治家予備軍を養成していかなくてはならない」と言っていました。

当時のいわき市は革新市政で、自民党は野党の立場にいたわけです。そのため、革新側と対抗するために保守系の新しい人材を発掘し、市政を奪還することが大命題となっていたのです。

人材発掘をめざし、沼田さんは若い人を集めて研修会を開いたりしていました。

そして私もその手伝いをするようになりました。

国政ではロッキード事件、県政でも汚職事件が起こり、政治の世界は大きく揺れ動いていました。

そうした状況を見るにつけ、私自身もどんどん政治に対する情熱が強まっていきました。

また、周囲も私を沼田さんの後継者と見るようになっていったのです。

結婚

このころ、私の人生にとって非常に大きな出来事がありました。結婚したのです。

昭和五十二（一九七七）年の秋に、学習塾の教え子の父母から見合い話が持ち込まれました。

それまでも、いくつかの縁談はありましたが、とても結婚できる状況ではなく、見合いをするまでには至っていませんでした。

しかし、学習塾も軌道に乗り、ようやく私も身を固めることにしたのです。

相手は私より三歳年下の間宮汀子でした。

いわき市植田町で薬局を経営していた間宮俊彦さんの娘です。

実は間宮さんは沼田さんと同期の保守系市議会議員で、それまでに面識がありました。

間宮さんはその後、市の剣道連盟の会長を務め、今でも警察署で剣道を教えているような武骨さを持った人です。

宇野顕先生

私はどこかで自分の父親の姿を間宮さんに重ね合わせており、非常に好印象を持っていたのです。

見合いは沼田さんの家で行われました。

見合い話があることを沼田さんに相談したところ、自分の家でやるように声をかけてくれたからです。

話はすんなりと進みました。

秋に見合いをして、結納を行ったのは十二月の中旬でした。

二十八歳の誕生日を迎えた後のことです。

総合磐城共立病院の宇野顕先生御夫妻に媒酌をお願いしました。

宇野先生は父の病気でお世話になった方であり、後に副院長になられました。

そして、翌年の三月に式を挙げたのです。

平市民会館の大会議室に紅白の幕を張っての披露宴でした。パイプ椅子《いす》でしたから、お客様はさぞかしお尻が痛かったことでしょう……。

披露宴の結びに、私は次のような挨拶をしました。

「今日から私たちの新しい人生がスタートするわけですが、私共のこれからの前途は決して平坦な、決してゆるやかな道ばかりではないように思われます。

美しい野原を歩んでいくようなものではなく、行く手には大きな山がそびえ立ち、また険しい谷が待ち構えているのではないでしょうか。

それらに対し、二人で力を合わせてぶつかっていきたい。決して逃げたり回り道をしたりせずに、正々堂々と真正面から、力の限りぶつかって乗り越えて歩んでいきたい。自分たちの道を歩んでいきたい、切り拓いていきたい。そう決意し、覚悟しているしだいです」

今思うと冷や汗ものですが、その通りの人生の歩みで今日を迎えているようです。

その晩は、私と汀子の東京からの友人たちと一緒にいわき湯本温泉の旅館に泊まりました。

と言うと聞こえはいいのですが、昼の披露宴での料理をそれぞれ持ち寄っての、実につつましい宴会でした。

新婚旅行は、グアムやハワイなどへの海外旅行が流行りだしたころでしたが、私たちのそれは借りた車を運転しての伊豆への小旅行でした。

市議補選に出馬するも落選

私が初めて選挙に出馬したのは、昭和五十四（一九七九）年四月二十二日投票のいわき市議会議員補欠選挙です。

二十九歳の時でした。

この補欠選挙が行われたのは、四月八日投票の県議会議員選挙があったためでした。

この選挙には沼田さんが出馬し、私も沼田さんの当選をめざして応援活動に力を注いでいたのです。

沼田さんの陣営では、県議会議員選挙の直後に行われる市議会議員補欠選挙の候補者選びも重要な課題でした。

沼田さんの後継者を擁立して、議席を確保しなければならなかったのです。

当初、私には出馬する気持ちはありませんでした。

しかし、以前から「沼田さんの後継者は岩城」という雰囲気があり、私を候補者に推すグループも現れてきていました。

そうした状況の中で、私にも次第に出馬したいという気持ちが芽生えてきました。

沼田さんのお手伝いを通じて、市議会の中に若者の声を反映させることが大切だと思うようになっていたからです。

そのためには、やはり自分も議員バッジをつけなければならないと考えたのです。

当時は合併前の市町村単位の選挙区で、市議会議員選挙が行われていました。

沼田さんは内郷地区選出であったので、私も出馬するならここからと考えていました。

しかし、陣営内の事情もあって、内郷地区からは別の人が立候補することになってしまいました。

その結果、私は隣の平選挙区から出馬することを決意しました。

四月十二日の告示の一週間前ぐらいの時期でした。

実はその時、妻の汀子が初めての出産を控えていました。

しかし、私にはそれを理由に出馬を見送る気持ちはなく、妻もそれを理解してくれました。長女しのぶが生まれたのは告示直前の四月十日で、初めて娘と対面したのも選挙が終わってからでした。

ちなみに、九年後に長男光隆が生まれますが、その時は六月定例県議会の最中で、やはり息子の顔をすぐに見ることはできませんでした。

県議会議員選挙は、無念にも沼田さんの落選という結果に終わりました。

そして私はすぐに自分の選挙の準備に入ったのです。

私が出馬を決めた平地区は、高校時代から住んでいる所です。

初出馬のころ

しかし、私は沼田さんの地元である内郷地区で活動していたので、平地区には選挙を手伝ってくれるような仲間はほとんどいませんでした。最初は、自宅の庭にテントを張って選挙事務所にするくらいの気持ちでいました。

ところが、後援会長を決めなくては、ということになり、私は鈴木常松さんに相談することにしました。

鈴木さんは当時、平商工信用組合の理事長職にあり、県漁連会長や木村守江県知事の後援会長を務めていた方でした。

四倉の漁業家だったので、派出所時代の父と交友があったのです。

鈴木さんからは弁護士の市井勝昭先生を紹介していただきました。

市井先生にお願いしたところ、「職業柄、受けることはできない」ということになり、加藤貞夫さんを推薦していただきました。

加藤さんは平藩家老の家柄で、青年会議所の福島ブロックの会長も務めていました。平地区での若手リーダーの一人でした。

実は、私の家の土地は加藤家からの借地であり、もちろん加藤さんは私の

加藤貞夫さん

父母とは面識があったのです。

加藤さんは市井先生の要請もあり、「一度だけなら」と引き受けてくれました。

加藤さんは、さっそく青年会議所の仲間に声をかけてくれ、レストランだった建物を選挙事務所に借りる手配もしてくれました。

地盤、看板、カバンを持たない私にとって、加藤さんたちの協力は非常に心強いものでした。

対立候補は平出身で、私の同級生でも向こうを応援している人が多かったからです。

この選挙で私を応援してくれた人たちは、いわば〝混成チーム〟のようなものでした。

これまで活動の基盤だった内郷地区、先の県議会議員選挙で私が担当していた小名浜地区からの応援部隊、そして加藤さんたち地元のグループで選挙スタッフが構成されていたのです。

選挙期間中、私は選挙カーで選挙区内を回っていたのでわかりませんでしたが、事務所内はさぞかしやりにくかったのではないかと思っています。

この選挙では、私を含め三人が立候補し、欠員分の二議席を争いました。

結果は……最下位で落選でした。

私が獲得したのは六千六百九十一票でした。

ちなみにこの選挙でトップ当選したのは青木稔さんでした。

青木さんは磐城高校が甲子園に初出場した時のエースで、知名度は抜群でした。現在は、県議会議員を務めています。

結果的に初陣を飾ることはできませんでしたが、私は全く落胆しませんでした。むしろ、政治に対する気持ちが強まっていきました。

また、選挙戦を通じて多くの人たちが私を手弁当で応援してくれたこともあって、何か手応えのようなものを感じることもできました。

次の年の九月に市議会の一般選挙が予定されていたので、私は投票日の翌日から次の選挙に向けて動き出したのです。

草の根の活動で初当選を果たす

落選した私はまず、平の商店街へ挨拶回りに出かけました。

後援会長の加藤さんと一軒残らず回ったのです。

なかには当選のお礼に来たと勘違いした人に、「おめでとう」と言われたこともありました。

そんな時、私たちは顔を見合わせ「次もよろしく」と頭を下げたものです。

相変わらず学習塾の仕事は夕方からだったので、空いている昼の時間を利用して、私は選挙区の中を回ることにしました。

「いわき光英」という名刺を持って、一軒一軒訪ねて行ったのです。

市議会議員レベルでは、選挙が終わると後援会組織も解散してしまいます。私は一人でこつこつと活動を続けていきました。

選挙まで半年ほどになってくると、改めて後援会組織づくりが必要になってきました。

私はいろいろな人と相談した結果、後援会長をもう一度加藤さんにお願いすることにしました。

加藤さんには前回の選挙で「一度だけなら」という約束で引き受けていただいた経緯があります。

そのため、私はおそるおそる加藤さんのもとを訪ねました。

大和田道隆先生

しかし、加藤さんは私の虫のいいお願いを快諾してくれました。

「前回は一度きりということで引き受けたが、負けたままで終わるのは嫌だからもう一度引き受ける」

その言葉は、私にとって本当にうれしいものでした。

そして、加藤さんは再び組織づくりに尽力してくれました。

さらに、私の高校の同級生の中からも私を応援してくれる人も増えていき、組織が次第に固まっていったのです。

今は亡き大和田道隆先生の存在も、大きなものがありました。

大和田先生は磐城高校の校長や市の教育長を務められた方で、私と同じお城山に住んでいました。

その縁で私を応援してくれたのです。

大和田先生は磐城高校が甲子園に初出場したころの校長で、前回の選挙では青木さんを応援していました。

ところが、今回の選挙では「青木さんはもう当選したから、今度は岩城君を応援する」と、私の支持に回ってくれたのです。

大和田先生は手書きで教え子の名簿を作成し、それをもとに自転車で私の応援を続けてくれました。

このほかにも、インテリアの会社に勤めていた時の関係で左官組合の青年部、さらに消防団の若手の皆さんにも熱心に応援していただきました。

この選挙でも、私は市議会の若返りを訴えました。

もちろん、議会にはベテランも中堅も不可欠です。

しかし、若い感覚で柔軟な発想のできる議員も必要であり、若者層の意見を市政に反映させていきたいと思ったからです。

選挙戦に入ると、私は昼間は街頭演説、夜はミニ集会で選挙区内の至る所を回りました。事務所に戻ってからもスタッフの皆さんと一緒にビラやチラシを折っていました。

こうした手づくりの選挙でしたから、スタッフの仲間意識も強かったように思います。

私が出馬した平選挙区は、定数十一に十二人が立候補する少数激戦でした。

無我夢中の選挙戦でしたが、結果的に、私は三千四百三十三票を獲得して七番目で当選することができたのです。

その晩、事務所にしていた元の市場だった建物は大変な熱気に包まれました。

若い人たちの草の根活動が実ったこともあり、感激もひとしおだったのです。

私自身、当選することができた喜びと感謝の気持ちで胸が一杯になっていました。

市議会議員初当選のころ

歩く、聞く、行動する

初当選した時、私は三十歳でした。

当時の市議会では最年少の議員で、周囲からは「そんなに早く市議会議員になってどうするのか」という声もあったほどでした。

当時はまだ、五十代、六十代になってから市議会議員になるのが一般的な風潮だったのです。

私は自民党系の最大会派である「新政会」に所属しました。

当時の革新市政に対する唯一の野党会派です。

ちなみに会長は、私の後を受けていわき市長になる四家啓助さんでした。

野党は市政運営に対して批判的な立場にあるので、議会では思う存分、質問をさせていただきました。

また、野党側にいると、常に問題意識を持つ必要があります。

数多くの資料に目を通したり、情報の収集は不可欠です。

その意味では、政治家としてのスタートが野党だったことは幸いだったと

市議会での初質問

思っています。

私は議員になってから「歩く、聞く、行動する」ことを自分に言い聞かせていました。

実際、市役所の各部署を歩き回って〝廊下トンビ〟と呼ばれたこともあります。

また、新人議員仲間とアパートの一室を勉強部屋として借り、そこで質問の原稿を書いたこともありました。

私が最初に議会で登壇したのは、昭和五十五（一九八〇）年十二月の定例議会でした。

「新政会」のトップバッターとして一般質問に立った私は、とくにゴミ袋の有料化問題について食い下がりました。

今にして思えば私の若さゆえの、執行部からみると生意気な（？）質問だったのではないでしょうか。

もちろん、歩き回ったのは市役所の中だけではありません。選挙区もくまなく歩きました。

日曜林家として植林に汗を流す

とくに正月には、一週間ほどかけて千軒ぐらいのお宅を後援会の会報を持って回ったものです。

正月ですから、おとそを飲んでいるお宅があれば一杯いただいたりもしました。

農村部の集落では、大きな農家の表玄関と裏口から入って、同じお宅に二度も挨拶したという笑い話もありました。

こうした挨拶回りを通じて、市民の生の声を聞くことができたことは、私の議員活動に大きなプラスとなりました。

やはり、政治家にはそういう機会が必要であり、国政の場にある現在でも、一人でも多くの話を直接うかがいたいと思っています。

ただ、その分、家族には迷惑をかけてきたようです。

もちろん今もそうですが、家にいることはほとんどなく、家庭のことは妻に任せきりでした。

こんなこともありました。

長女が小学二年のころのことです。

黒田弘之先生

私が昼間用事があって家に戻り、また出かけようとしたら、一人で遊んでいた娘から、「お父さん時間ないの?」と寂しそうに聞かれたのです。一緒に遊んでもらいたかったのだろうと、後ろ髪を引かれる思いで車を走らせたことを今でもよく覚えています。

現在小学六年の息子にも、同じ思いをさせているのかもしれません。

昭和五十九（一九八四）年九月に改選があり、私は三千八百三十八票で再選を果たしました。

この選挙戦から、故・黒田弘之先生、故・稲川千代さんにお世話になることになりました。

黒田先生もお城山にお宅があり、平工業高校の校長を務められた方で、奥様とともに熱心な応援をいただき、後援会の副会長も務めていただきました。

稲川さんは、平逓信会議所（特定郵便局長会の会議や会食の場を提供するために稲川さんが始めた施設）を経営されていた女傑であり、九十六歳の長寿を全うされましたが、面倒見の良い方でした。

ゴルフや旅行、カラオケが大好きで、いつも若い気持ちを失わない人で、

稲川千代さん

後援会の女性部である「ミッシーの会」の会長も務めていただきました。

ミッシーの会の二代目の会長は、黒田先生の奥様の令子さんにお願いしました。

また、一期の時には、千円で買った中古のバイクで走り回っていましたが、二期目は中古車を譲り受けて選挙戦に臨みました。

そのころは加藤さんが所有する土地を借り、プレハブの小さな後援会事務所も建てることができました。

また、二期目の選挙の直前に、後援会のシンボルマークをつくりました。以前からシンボルマークがほしいという声があったのです。皆でいろいろ考えましたが、いわき市ではフタバスズキリュウなどの化石が数多く発見されていたこともあり、恐竜をイメージしようと話がまとまりました。

恐竜は二億年前の中生代にこの地球上を支配していましたが、六千五百万年前にいっせいに姿を消してしまいました。

現在、人間は、かつての恐竜のように地球上に君臨し、その文明は生命界全体に大きな影響を与えています。太古からの連綿たる歴史の積み重ねの

シンボルマーク

後援会新年会で、夫婦でもちつき

上に、現在の私たちの生活があるのです。

一億六千万年もの長い間栄えていた恐竜がなぜ絶滅してしまったのか、その謎を解くことは、私たち人間が平和に暮らしていくために、人類の繁栄のためにも大切なことではないでしょうか。

そんな思いを込めてシンボルマークを決めました。今では化石からしか想像できない恐竜は、多くの謎につつまれた魅力的な生物です。

名称は、子供たちから募集して、「ミッシー」となりました。「みつひで」の「ミ」と「ネッシー」の「シー」の造語です。そして私の愛称ともなっています。

私はその後、昭和六十一（一九八六）年八月の福島県議会議員補欠選挙に立候補することになり、市議会議員は六年間務めました。

今、振り返ってみると、三十代前半という若さに任せて、いろいろなことに取り組んだ印象があります。

とにかく、多くの方に支えられ、「歩く、聞く、行動する」ことに励んだ六年間でした。

県議補選での一コマ

三十六歳で県議会議員に当選

結果を先に言えば、私は昭和六十一（一九八六）年八月の福島県議会いわき市選挙区の補欠選挙で当選し、県議会議員になりました。三十六歳の時です。

補欠選挙が行われることになったのは、この時期に行われたいわき市長選や衆院選に現職県議が出馬するなどして、欠員が四つ出たからでした。私がこの選挙への立候補を決意したのは、いわき市選出の現職県議会議員がベテランばかりで、若手の県議会議員の必要性を感じたからでした。

市議会の先輩から「市議会議員にとどまらないで上をめざすべきだ」というアドバイスを受けたり、周囲からの期待論もありました。

こうした雰囲気もあって、私も市議二期目に入ると次第に立候補の意志を固めていったのです。

私は議員になってから、毎年新春に新年会を開いていました。

例年は選挙区である平地区を対象に百人足らずの規模で開催していたの

千葉常敬さん

鈴木博さん

ですが、昭和六十一（一九八六）年の新年会は平以外の地区からも集まっていただきました。出席者は約三百人でした。

その時にはすでに補欠選挙の準備に入っており、いわき市全域の私の後援会連合会設立の場、そして私の出馬表明も兼ねていたのです。

ご存じの通り、いわきは日本で一番広い市です。面積は神奈川県の約半分で、シンガポールの二倍もあります。

この広大な市全部が選挙区になるので、私たちの陣営は新年会以降、市内各地区での組織作りに取り組んでいきました。

補欠選挙には六人が立候補することになり、私も「いわきから三十代の県議を送ろう!!」をスローガンに掲げ、初めての県議会議員選挙に挑んだのです。

一般的な候補者は、地元のほかに重点地区を決め、そこを中心に活動します。

しかし、私は地元の平からの立候補者が多かったこともあり、市内全域を積極的に回りました。

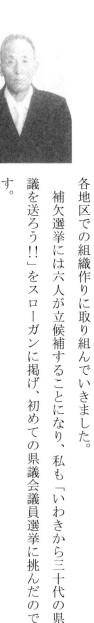

心強かったのは四倉地区です。私の父がお世話になった所です。菅波茂代議士の地元でもあり、先生の選挙をお手伝いした縁で、知り合いも多かったのです。選挙慣れした方々が多く、本当に熱く燃えていただきました。

四倉地区の後援会会長を務めていただいた千葉常敬さん、幹事長の鈴木博さん（いずれも故人）が先頭に立って行動してくれました。

また、とくに力を注いだのは三和や川前といった山間部でした。川前は合併前には一番人口が少なかった地区ですが、ここを回った時の忘れられない思い出があります。

一時間に三度も昼食を食べたのです。土地の人たちは県議会議員選挙の候補者が来るということで、食事をたっぷりと用意して待っていてくれました。

それが三軒も続いたのです。

最初のお宅でどんぶり二杯も食べた私ですが、そのあとのお宅で断るわけにもいきません。

県議補選で当選

県議会での質問

大変な思いをして腹の中に詰め込みました。同行した私より若いスタッフは食べ切れませんでした。

この選挙に対する私の気迫の成せる業だったかもしれません。

というのも、この選挙は不安が大きかったからです。

初めていわき市の全域で審判を仰ぐわけですから、手応えがつかめなかったのです。

正直言って「落選するかもしれない」とも思いました。

しかし、その不安は杞憂に終わりました。

私は二万四百三十二票をいただき、第三位で当選することができたのです。

その喜びもさめやらぬ間に、次の選挙がやって来ました。

昭和六十二（一九八七）年四月に一般選挙が行われたのです。補欠選挙の八か月後ですから、選挙のお礼とお願いが一緒になったようなものでした。

この選挙では、前回できた山間部の後援会が強力な味方になってくれました。地元以外の地区でも手弁当で私を熱心に応援してくれたのです。

また、私が選挙カーで山間部を回る時も、後ろに三十台から四十台の車が続いてくれました。

今度は、一万四千三百八十一票を獲得し、第二位で再選を果たすことができました。各地区でまんべんなく得票できたことが、この結果につながったと思います。

そして私自身、二度目の県議会議員選挙ではかなりの手応えがあったことを覚えています。

県議時代、パキスタンで

福島県全体が視野に

私は県議会議員を二期四年余り務めました。決して長くはありませんでしたが、私にとっては非常に勉強になった期間だと思っています。

この当時、いわき市から県庁所在地の福島市までは車で二時間半もかかりました。

まだ高速道路が開通しておらず、一般道を使うしかありませんでした。鉄道を使えばもっと時間がかかります。

磐越東線で郡山へ行き、そこで東北本線に乗り換えなくてはならないので、いわきから福島までは三時間半はかかってしまいます。最短でも往復五時間はかかるので、議会開会中などは福島市内に宿泊しなければなりませんでした。

県議会議員としての活動を続けるにつれ、私はいわき市と福島市の距離の大きさを改めて実感することになりました。

水害の視察

それは物理的な距離だけではありません。

福島市、つまり県庁から見たいわき市は、実に遠い存在であるということを痛切に感じたのです。

たとえとして適切かどうかはわかりませんが、私には江戸幕府に対する薩摩藩のような存在に思えました。

薩摩藩は日本の南端の大きな藩で、江戸から遠く離れていただけでなく、幕府とは緊張関係にありました。

いわき市も人口が多く、県内でそれなりに力を持っていましたが、革新市政が長く続いたこともあって県とのパイプは決して太くはなかったのです。

そのため、私はどうすれば県の目をいわき市に向けさせることができるかを、考えるようになりました。

また、この経験がいわき市長になってから大きく役立つことになりました。

私はいわき市の中心部、平を地元としています。そのため、小名浜や勿来《なこそ》

後援会の綱引き大会で

の人たちの感覚が理解できない部分もありました。

しかし、県といわき市の関係を考えるようになってから、初めてそれが理解できるようになったのです。

私は八か月で二期議員となりました。

そのため、キャリアの浅さにもかかわらず、自民党県連の政務調査会副会長という役職をいただくことになりました。

そのおかげで、県内全域を歩き回り、それぞれの地域の現状を把握することができました。また、そうした経験を通じて、直接現場を見ることの重要性を認識することになりました。何事も目の当たりにしているのといないのとでは、力の入れようが違ってくるものです。

たとえば、いわき市には小名浜港という重要港湾があります。しかし、県庁所在地にある他県の港に比べ、やはり県の取り組み方に温度差が感じられたのです。

また、各種団体からの予算への要望や県の予算案作成などにも関わることで、県全体を見渡す視野を養うことができたと思っています。

県議時代、安倍晋太郎先生と

短いながらも充実した期間だった。これが私の偽らざる気持ちです。

青天の霹靂で市長選へ

まったく予想外の出来事が突然起きることを〝青天の霹靂《へきれき》〟と言います。

私にとって、平成二（一九九〇）年九月に行われたいわき市長選挙への出馬は、まさに青天の霹靂でした。

四年前の昭和六十一（一九八六）年九月の市長選挙で、中田武雄先生が当選を果たしました。中田先生は県議会議長も務めた保守系の重鎮でした。

中田先生の当選で、ようやく長く続いたいわき市の革新市政に終止符が打たれ、いわき市の新しい時代が幕を開けたのです。

中田市長は当然、再選に向けて準備を進めており、私も中田市長の応援に全力を尽くしていました。

革新側の対立候補は、社会党の代議士を六期も務めた上坂昇先生で、接戦が予想されていました。

しかし、告示一週間前に中田市長が心筋梗塞で倒れてしまったのです。とても立候補できる状態ではありませんでした。

実は、中田先生が倒れたことは丸一日伏せられていました。

その時、私は中田先生の個人演説会の応援弁士として小川、川前の三会場に同行する予定でした。もちろん、本人は来ることはできません。

私も事情がよく飲み込めないままに、主役抜きで演説会を進行させた記憶があります。

そして、演説会を終え、応援に来てくれた会津地区選出の県議会議員と会食をしていた時でした。

いわき市選出の自民党県議会議員全員に、市内のホテルに召集がかかりました。

夜の十時ごろだったと思います。そこで初めて中田先生のことを知らされたのです。

とにかく告示直前のことですから、すぐに新たな候補者の選考作業が開始されました。

選考にあたったのは自民党いわき総支部、中田市長の後援会の幹部の方々が中心で、私のような若手議員は別室で待機することになりました。

選考は明け方四時半ころまで続きました。

そして、思いも寄らず私に白羽の矢が立ったのです。

私が選ばれた大きな理由は、県議会議員選挙の際に市内全域でまんべんなく得票していることと、年齢が若かったことだということでした。

当時、私は四十歳で、対立候補の上坂先生は七十二歳でした。親子ほどの年の差があったわけです。

自分が選考の対象となり、さらには候補者となるとは、全く予想していませんでした。

しかも、その時の状況は、私に首を横に振ることを許してくれなかったのです。

私は熟慮する余裕もなく、妻にはもちろんのこと誰にも相談せずに、その場で決断せざるをえませんでした。

そして、その日の朝八時ごろから、私を候補者とすることを関係団体や組織に了承してもらう作業が始まりました。

しかし、不測の事態だったこともあり、スムーズに事は運びませんでした。

話し合いが難航するなか、私は別室で待機していました。

私としては、まな板の上の鯉の心境でした。

立候補を決断した時から、これが天命だと自分に言い聞かせてはいましたが、上坂先生相手に勝てる気がしませんでした。

もし落選したら、自分の政治生命も終わるとさえ思いました。

結局、最終調整が終わったのはその日の午後三時半ごろだったと記憶しております。私の立候補が正式に決まったのです。

実は私が正式な候補者に決まった日の翌日、当時の大蔵大臣だった橋本龍太郎先生がいわきを来訪することになっていました。

中田先生の陣営が女性支持者を集めるために、以前から企画していたものです。

しかし、中田先生が立候補不可能な状況になって、橋本先生サイドからは「新たな候補者が決まらないと、いわきには行けない」という連絡があったそうです。

つまり、橋本先生に応援に来ていただけるギリギリの段階で、私に正式決定したわけです。

後で聞いた話では、その日の夕方に関係者がおっとり刀で上京し、「岩城という者が候補者に決まったから、ぜひいらっしゃってほしい」とお願いする一幕もあったそうです。

応援においでいただいた橋本龍太郎先生と、平市民会館で

無我夢中だった選挙戦

中田市長の後継として候補者に決まった翌日の九月十八日から、私は慌ただしく動き始めました。

その日を含めて告示まで五日しかない状況でした。

まず、県庁へ出向いて佐藤栄佐久知事に挨拶をしました。

先にも述べたように、いわき市から県庁までは往復五時間もかかりますから、知事にお会いするだけで一日の大半が終わってしまうというのが実感でした。

その日の夜には、橋本先生を招いた女性の集会が平市民会館で開催されました。

当時も橋本先生の人気は大変なもので、会場には約三千人が集まる大盛況でした。

結果的にこの集会が保守系陣営の総決起大会となり、そのまま勢いづいて選挙戦に突入していったように思います。

市長選出陣式での挨拶

しかし、私はかなり追い詰められた精神状態でした。集会で何を話そうか、考える余裕もなかったのです。

翌十九日には市内の各地区事務所への挨拶回り、二十日には上京して当時の小沢一郎・自民党幹事長や県選出国会議員への挨拶などに追われていました。

これは余談になりますが、私は告示の翌日に知人の息子さんの結婚式の仲人を引き受けていました。

しかし、このような状況になった以上、とても出席することなどできません。

結局、友人に代役をお願いして妻と二人で務めてもらいました。今でも申し訳なく思っています。

告示から投票までの一週間は、まさに無我夢中でした。

いま思い返そうとしても、はっきりとした記憶が残っていないほどです。

候補者のスケジュールはすでに決まっていたので、私はそれに乗るかたちで市内を駆け回りました。

応援に駆けつけていただいた
鈴木省吾先生

いわき市は面積が広大なだけに、一週間はあっという間に過ぎてしまいました。

私にとって初めての市長選挙ですから、手応えなどがわかるはずもありません。

選挙カーにどんなふうに手を振ってくれるか、私の演説にどういった反応を示してくれるかを、見ることしかできませんでした。移動中に、次の会場で何を話そうかと考えていることも多かったような気がします。

実際、政策をじっくりと練る余裕もありませんでした。

中田先生の政策を踏襲することが基本路線だったのですが、各地区には個別の問題があります。

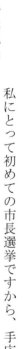

県議会議員としてはいろいろと考えるところがありましたが、市長候補となると全市的な観点からその地区をどう振興させるかという判断も必要になります。そういった局面では、市政に精通している知人・友人たちにアドバイスを受けることもありました。

また、私自身の後援会も必死になって活動してくれました。私の陣営にと

当選のバンザイ

っては六回目の選挙でしたが、最も危機感と緊張感にあふれた選挙だったと思います。選挙の結果は予想外でした。接戦で決着がつくという一般的な見方とは大きく異なり、私が約三万二千票の大差をつけて圧勝したのです。

中田先生への同情票、私の若さに対する期待などがうまくかみ合って、このような結果をもたらしたのだと思います。私としては、応援してくれた方々に感謝するしかありません。

投票日の夜は大雨でした。にもかかわらず、事務所には大勢の皆様が集まってくれました。

支持者の方々を前に、心から感謝の気持ちを申し述べ、市長という重責ある仕事に懸命に取り組むことを誓った私の体からは、選挙戦の疲れはすっかり吹き飛んでいました。

私にとっての、思いがけない突然の熱く短い戦いは、こうして終わりました。

それは新たなふるさとづくりへの挑戦のスタートでもありました。

Ⅲ　日本一　大きな「いわき」の　まちづくり

ソフト面から独自色を発揮

私は現職市長が病に倒れるという、不測の事態によって誕生した市長です。

中田市長の後継者という位置づけで立候補した以上、その政策を受け継ぐのは当然の流れでした。

平成七（一九九五）年に福島国体が開催されることもあって、とくにハード面の施策はかなり固まっていました。

そこで私は、まずソフト面から自分の色・カラーを出すことを考えました。

というのも、当時東北では最年少の四十歳の市長が誕生したことで、周囲にも私にもかなり戸惑いがあったからです。

当選の御礼挨拶で三塚博先生のもとへ

実際、私の同級生は市役所ではまだ係長にもなっていませんでした。市議会をみても、ほとんどが私の先輩方という状況でした。

数年前には議場の一番前に座っていた駆け出し議員が、今度は市長と

初登庁

して対峙することになったわけです。

市長に就任した翌年の一月、東京在住のいわき出身者の会合に出席した時、私を見て「あんなに若くて大丈夫か。」という声が漏れ聞こえてきたということもありました。

私自身、議員席に座っている時とはまるっきり立場が異なったことを痛感しました。

議員時代は市民、県民や地域を代表する立場から諸問題の指摘や制度改善に向けた要望、質問などをしてきましたが、執行機関の長としてはそういうわけにはいきません。

議員時代は自分の立場からだけの一方的な発言をしていたものだ、と思ったほどです。

しかし、市長に選ばれた以上、ひるんでいるわけにはいきません。

私はまず、各地域の独自性を重視しようと考えました。

いわき市は昭和四十一（一九六六）年に、十四もの市町村が合併して生まれた市です。広域性・多核性・多様性が特色です。

いわき時代まつりでの挨拶

誕生以来のいわき市の歩みは、統一化・一体化に向けた歩みだったと言えるでしょう。

もちろん、それは大切なことです。

しかし、その一方で合併前から各地域が持っている個性や特性を生かした地域づくりを進めていくことも重要だと思いました。

これは市長就任前からの私の持論であり、そうした積み重ねが地域間の垣根を低くし、さらには地域間のネットワークづくりが市全体の活力を生み出すことにつながると考えていたのです。

「いわき合衆市」構想とでも言えるでしょうか。

就任直後の十一月に、第五回「いわき時代まつり」が開催されました。

市内の内郷地区の若手が中心となったふるさとおこし運動です。

内郷地区にある国宝「白水阿弥陀堂」は、奥州平泉の藤原一族の徳姫がいわきの豪族・岩城則道のもとに嫁ぎ、亡き夫の冥福を祈って建立したと伝えられています。

「いわき時代まつり」は、この阿弥陀堂をテーマとしたイベントですが、同時に岩手県平泉町をはじめ平泉文化にゆかりのある八市町村のサミット会議も開かれました。

作家の童門冬二《どうもんふゆじ》先生を招き、「歴史に学ぶまちづくりとネットワークについて」というテーマで講演していただきました。

それぞれの地域が持つ歴史や文化をしっかりと受け継ぎ、それらに誇りを持ってふるさとおこしに取り組んで行くべきであるという先生のお話に、私は感銘を受け、改めて我が意を強くしました。以来、童門先生からはいろいろとまちづくりの御指導をいただくようになりました。

童門先生といえば、私が触れるまでもなく、今や歴史小説の分野の第一人者です。先生のお書きになった『上杉鷹山』はミリオンセラーとなりました。講演でもそうですが、先生の作品はどれも「人」に対する限りない愛情で満ち溢れています。

東京都の職員としてのご経験から、最も古くて新しいテーマである「組織と人」「社会と人」に対する先生の鋭い洞察力から生まれる作品群は、まさに人間そのものの営みである政治の世界に身を置く私に取りましては、バイブルにも等しいものです。

先生の数多い著作をひもとき、また先生の謦咳にしばしば接することで、「童門人間学」というべきものの神髄を肌で学ばせていただきました。先生の著書は私の座右に常にあり、「しっかりしろ！」と鞭打ってくれているような感じがしてなりません。

ふるさと炉端懇談会で

そして私は、「ふるさと炉端懇談会」なる試みをスタートさせました。私が各地域に出向き、若者十人程度の集まりに参加して、酒を酌み交わしながらざっくばらんに話し合ったのです。

私は自分のまちづくりに対する考えを話し、若者たちからは行政への要望を聞きました。事前のシナリオなどはなく、何でも本音で話し合う場にしていきました。

平成六（一九九四）年度からは、市内の各支所に若手職員を地域振興担当員として配置することにしました。地域振興担当員の重要な役割は、各地域の若者たちと地域の将来像をつくることでした。

自分たちの地域のことは自分たちで考え、行政はそのバックアップをするという意識と仕組みをつくりたかったのです。

その土台となったのが「ふるさと炉端懇談会」だったわけです。

また、全市的な視点に立ったまちづくりについての「いわきらしい」施策や政策の提言をめざして、平成七（一九九五）年から「いわき未来づくりセンター」を立ち上げました。

サントリー地域文化賞受賞式で、佐治会長と

まちづくりは人づくり

私は市議会議員時代から、「まちづくりは人づくり」であると唱えてきました。

先に挙げた「ふるさと炉端懇談会」も、まちづくりのリーダーを育てることが最大の目的でした。

また、将来を担う子供たちが心身ともにたくましく育つための施策、さらに地域の良さを知って、いわき市に愛着を持てるようなさまざまな試み「ふるさと教育」も実践しました。

なかでも反響を呼んだのは、「わんぱく森の探検隊」でした。小中学生が夏休みを利用して集団で自然体験を行うのです。

ふだんの生活より不便で過酷な条件の中で生活することで、協調性や自立心が養えたと好評を博しました。

このほかにも、学校や公民館で市民講師を活用したいわき市の伝統・文化を継承する試みも行いました。

若手職員を編集委員とする子供広報の発行や、マンガ「いわき発見伝」「いわきの人物誌」も作成しました。

一般市民向けには「いわき宇宙塾」や「女性の翼」などを開催しました。

「いわき宇宙塾」は、市民が自主的にまちづくりについて勉強していく企画です。「女性の翼」はそれほど目新しいものではありませんが、その事業の終了後、参加者が自主的に社会貢献の会をつくるなど、着実な成果が現れました。

人づくりを実践していくうえでは、「教育」という面に加えて、こうした市民との「対話」を積み重ねていくことが非常に効果的だったと思います。

市民と行政の間には、どうしても溝があるものです。その溝を埋めていくには、市民との対話を通じて信頼感を増大させていくことが不可欠です。

もちろん、人づくりは市民だけでなく、市役所の職員にもあてはまることです。

市役所の部署を横断した若手職員で構成する「いわき市イメージアップ推進委員会」が、いわき市の将来ビジョンを描きました。

彼らからは「いわきコスモス計画」と題する報告書が提出され、その後の市政を考えるうえで大変参考にさせてもらいました。

また、私は事あるごとに職員に、「行政マンである前に市民であれ。」と言い続けました。積極的に地域の活動やボランティアに参加し、身近なニーズに接することが大切だからです。そのためにボランティア休暇制度も設けました。

まちづくりは市民と行政の「協働作業」です。

この「協働」というフレーズは、若手職員の提言を採用したもので、双方が力を合わせてまちづくりに取り組んでいくという意味合いを持っています。

人づくりは、そのための意識改革でもあったのです。

行政マンである前に市民であれ！

「行政マンである前に市民であれ」

ということについては、一言つけ加えさせてください。

新しい内閣が発足するときのことです。その道の専門家ではない人を起用すると、マスコミの論調の中に、

「官僚の言いなりになる」とか、「(素人だから) 多くを期待できない」

といった批判（の起きること）があります。この種の批判は、一見もっともらしいのですが、

「専門家だからといって正しい結論を出すとは限らない」

ということもあることが忘れられていると思います。

「常識」とか「良識」は専門性を極めれば自然に備わるというものではありません。もし、専門家が常に正しい結論を導き出すのだとすれば、最近の例で言えば、金融をめぐるさまざまな政策ミスは起きなかったのではないでしょうか。

確かに専門性も大事なことです。政治家でも行政マンでも、専門的な知識は必要なことです。しかし、それよりも大事なものがあるのではないでしょうか。特に政治家はそうです。

後援会の海水浴でスイカ割り、みごとに失敗

私の立場で言えば、それは「良識ある国民」の持っている感覚を持つということです。専門家は専門家ゆえに陥りやすい陥穽があります。

私の経験からしても、役人があげてきた政策立案や案件の中には、法律上、行政上は正しくても、いわゆる「市民感覚」からするとおかしいと思えるものもありました。「素人」であればこそ見える「病気」もあるのです。

私が「行政マンである前に市民であれ。」といった意味が、おわかりいただけましたでしょうか。

私は政治の道を歩んでから、「選挙」というものの意味がよくわかるようになったつもりです。

確かに、投票する一般国民からしますと、「面倒くさい」という感覚も理解できないわけではありません。

天候が悪いと、「自分の一票でどうなるものでもなし」といった思いをもたれ、ついつい投票所に行かずじまいとなりがちです。私は、このことを云々しようとしているのではありません。

投票される側の私にとっては、この選挙というものは実に大きな意味を持っているのです。それは、当選するとかしないとかいったことではありません。

たとえば、街頭などでの演説の重要さです。よく、私ども政治家は選挙戦の感想を聞かれて、「手応えがあった」とか「手応えがなかった」とか言います。

それは「感覚」の問題ですから、不確かな感想ではないかと言われれば、そのとおりかもしれません。しかし、間違いなく「手応え」を感じたり、あるいは感じなかったりするものです。

特定の人たちの支援だけでは当選はおぼつきませんから、選挙演説では、いろんな分野の課題や施策に触れます。選挙期間中は、同じことをあちこちで何度も話すことになります。

日本人はおとなしい国民ですから演説の途中で、拍手やブーイングはめったにしませんが、壇上から、あるいは選挙カーの上から、一人ひとりの顔を見ていると、今、人々が何を考えているのか、どういうことに関心を持っているのか、この選挙で何を基準に投票しようとしているのか、といったことがある程度わかるのです。

行政マンは、自分たちの政策を直接市民に問うことはできません。

自分の政策を直に訴えることのできる政治家ならばこそ、の特権です。それだからこそ、政治家の意味があるのです。

県鳶土木工業会いわき支部でまとい振りに挑戦

ならば、行政マンは普通の市民感覚を持てないかというと、そんなことはありません。

行政マンといえども、所詮、人の子であり、情けにつき動かされることもあり、家に帰れば子煩悩な一市民でもあるからです。

「初心忘るべからず」といいますが、その一市民も失業の不安がほとんどない役所にいると、否が応でも、そうした市民感覚が鈍くなっていくものです。

だから、意図的に市民との交流を図らなければ、「ひとりよがり」な行政になってしまうのではないでしょうか。

私が、機会あるごとに街に出て人々の中に入っていくのは、そうした感覚を忘れたくないからなのです。

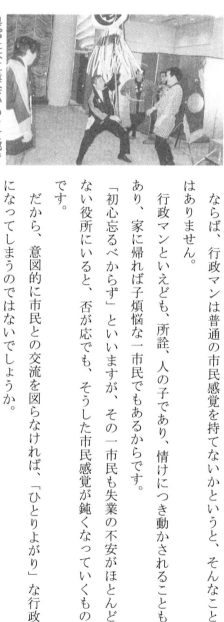

いわき時代まつりで、馬上での武者姿

人・まち・自然が輝く交流ネットワーク都市

平成五（一九九三）年度から、いわき市では第四次総合計画がスタートしました。

「人・まち・自然が輝く交流ネットワーク都市」は、そこで示されたいわき市の将来都市像です。

いわき市は歴史的にも地理的にも、比較の対象となる都市が見あたりません。

逆の言い方をすれば、いわき市は非常に高い独自性を持った「合衆市」ということであり、それを生かしたまちづくりを進めていくことが基本でした。

この計画は私の一期目の後半に策定が始まったこともあり、自分なりの考え方がしっかりと盛り込まれたものになったと自負しています。

計画の中の、重要なキーワードは「交流と連携」でした。

ハード面では、市内外の交流の受け皿として、「21世紀の森整備構想」と

「サイクルパーク構想」という二つの大きなプロジェクトの推進を図りました。

ソフト面では、すでに中国の撫順市と友好都市、秋田県の岩城町と親子都市の関係にあり、平成三（一九九一）年にはオーストラリアのタウンズビル市と姉妹都市の、平成九（一九九七）年には宮崎県延岡市と兄弟都市の締結を行いました。

また、平成六（一九九四）年度からの三年間を「コミュニケーション元年」「コミュニケーション推進年」「コミュニケーション達成年」と位置づけ、いわき市からの情報発信と交流を積極的に推進していったのです。

その当時は磐越自動車道の整備も進んでおり、地域振興のためには定住人口の増大よりも、交流人口を増やすことが効果的だと考えました。そのため、市内でさまざまなイベントを開催しました。

そうした取り組みの中で私が最も印象に残っているのは、平成八（一九九六）年九月に開催された「第一回東アジアＭＡＮＧＡサミット」です。

これは、いわき市の歴史をマンガ化した「久保姫の時代」の審査委員長をお願いした里中満智子さんのアイディアを実現させたものです。

いわき明星大学を会場に、日本、韓国、台湾、中国、香港から約九十人のマンガ家が集まり、交流を深めたのです。

マンガ家里中満智子さんと、東アジアＭＡＮＧＡサミットで

日本からは里中さんをはじめ、かわぐちかいじさん、ちばてつやさん、永井豪さん、バロン吉元さん、弘兼憲史さん、水島新司さん、モンキー・パンチさん、矢口高雄さんなど、そうそうたるメンバーが参加してくれました。

このサミットを運営したのは地元で募ったボランティアで、若者層を中心に多くのメンバーが集まってくれました。

マンガという身近なものをテーマにした交流だっただけに、市民の反応も大きかったと思います。

また、いわき市と隣接する双葉郡や田村郡の自治体とも協力し、災害時の応援体制を地域レベルで構築したり、東京の新橋駅前にいわき市東京観光物産交流センター「いわき・ら・ら」を設置するなど、多種多様なかたちで交流事業を進めていきました。

平成十二（二〇〇〇）年七月には、小名浜港に県立の水族館「アクアマリンふくしま」がオープンしました。

これは二十年程前から地元が県に要望していたもので、私が市長時代に

世界に開かれたまち、自治大臣表彰式で

建設が決定された事業です。ここには「いわき・ら・ら・ミュー」という物産館が隣接しており、多くの観光客でにぎわっています。

第四次総合計画は、平成十二（二〇〇〇）年度までのいわき市のグランドデザインです。

二十一世紀にいわき市が飛躍するための土台とも言えるもので、今後はさらなる飛躍に向けたまちづくりが始まるものと確信しています。

市長から参議院議員へと立場は変わりましたが、私もふるさとの発展のために、精一杯頑張るつもりです。

姉妹都市オーストラリア・タウンズビルで、トニー・ムーニー市長と

市長という仕事

市長は市の最高責任者です。

市を会社にたとえるなら、もちろん社長であり、市民は株主ということになるでしょう。また、市民の直接選挙で選ばれるため、いわば地方の大統領という表現もできるでしょう。

市長に就任して私がまず痛感したのは、市長は非常に孤独な存在だということでした。

もちろん、議会の声、市民の声、職員の声を聞いて市政を運営していくわけですが、最終的に決断を下すのは市長の仕事です。

限りある予算の中で数多くの施策にどう優先順位をつけるか、どういった手法を用いて実行に移していくか。それらは行政の責任であり、市長はその最高責任者なのです。

いわき市の場合、東北では仙台に次ぐ約三十六万人の人口を持ち、一般会計は一千億円を超えています。

すべての会計を合計すれば三千億円近い予算を支出する権限を市長が持ちます。

特別職を含めて約四千七百人の職員を率いていかなくてはなりません。

私も経験した市議会議員は四十数人の中の一人に過ぎず、ある団体の代表、地域の代表でもいいのです。

市政に対してさまざまな意見や提言を行い、さらにそれをチェックする立場ですが、その執行権は持っていません。

私は現在、参議院議員として国政に参画していますが、責任やプレッシャーは市長時代のほうがはるかに大きかったと感じています。

森喜朗総理は就任後しばらく、マスコミとの関係がぎくしゃくしていましたが、市長経験のある私には森総理のお気持ちはよくわかりました。

とにかく、首長はその地域で最も注目を集める人物と言っていいでしょう。

市内で開催される会合では、ほとんど市長が主催者か主賓でした。

議員であれば、市民を代表する立場や関係者の一人として出席する場合が多くなります。

常に市民の視線にさらされ、マスコミからもその一挙一動が注目されています。

また、市長時代はプライベートの時間はないも同然でした。帰宅しても来客や電話が絶えません。

阪神・淡路大震災視察

酒に酔った人が夜中に電話をかけてきて、市政への不満をぶつけることもしょっちゅうでした。

妻や母が一時間以上にわたって相手をしたこともありました。家族も大変だったと思います。

また、人事の季節になると匿名の手紙も届きました。職員に対する誹謗中傷が書き連ねてありました。

私が就任した時、市役所内にはまだ合併前からの流れが残っていました。各地区の出世頭を中心に会があり、人事面でも各地区出身者のバランスが重視されていたようでした。

しかし、私は公平・公正と適材適所を重視したため、次第にそうした流れもなくなっていきました。

人事はすべての人が満足いくものであれば理想ですが、それは不可能であり、現実は六割程度の人が納得すれば及第点だといわれているそうです。

私の場合は市役所内に同級生も多く、彼らの処遇に関して外野の声も届いてきました。そういう時には、ことさらに市長の孤独を感じたものです。

二期目の市長選、当選のバンザイ

私は平成六年（一九九四）の市長選挙で再選を果たし、平成九（一九九七）年九月に辞職するまで二期七年間市長を務めました。

当初は手探りの状況でしたが、一期目の後半ぐらいから手応えを感じることができました。

その間にいわき市は合併三十周年を迎え、合併後に生まれた市民も増えて、着実に地域間の垣根は低くなったと思います。

また、四十歳の若い市長が誕生したことで、市の各方面で若返りが進んだのではないかと感じています。

実際、平成十二（二〇〇〇）年九月に行われた市議会議員選挙でも、今までになく数多くの若い新人候補が立候補しました。

市長職にあった七年間を振り返ってみると、新しいいわき市をスタートさせるための仕事をさせていただいたと思います。

とくに若い人たちに「自分たちの地域は自分たちで創っていく」という意識を持ってもらうことを基本に、さまざまな試みを実践してきたつもりです。

国体ヨット競技開会式で

もちろん、こうした意識改革は一朝一夕にできるものではありません。試行錯誤しながら、時間をかけて進めていく必要があります。そして私の在職中に、市議会議員の方々と市職員の皆様の努力と協力を得て、その土壌が整ったと言えるのではないでしょうか。

勿来の関マラソン大会、山田敬蔵さんと

トライアスロンとの出会い

市長という仕事は、精神的にも肉体的にもタフさが要求されます。

私は前にも書いたように、子供のころは病弱だったのですが、大学で合気道を続けたことにより丈夫な体になりました。

政治の道を歩み始めてからも、風邪などで寝込んだこともなく、ほとんど休みなく活動してきました。

市長の職に就いてからは、より健康に気をつけるようになりました。自分一人の体ではなく、大げさに言えば三十六万市民のために働き、さまざまな課題を的確に判断するためには、常に心身ともにベストコンディションに保つことが大切だと思いました。

そして健康であることはもちろん、体力もなければなりません。

十年前（平成三年）からランニングを始めました。四十歳の時でした。

そのきっかけは、いわき市で毎年二月に開かれている勿来の関マラソン大会です。

いわきシーサイドマラソン大会で

来賓として招待され、開会式で挨拶をしました。

そこで、山田敬蔵さん（昭和二十八年のボストンマラソン大会に二十五歳で優勝）の軽快なランニング姿を見て、刺激を受けたのです。

その時は市長に就任して三か月が過ぎたころであり、子供たちにたくましく育ってほしいという願いから、自然との触れ合いの中で集団生活を体験し、苦しさを乗り越える気力、体力を養うための「わんぱく森の探検隊」事業の実施を検討していました。

そして、子供たちにそう望むだけではなく、自分自身も率先して何かに挑戦しなくては、という気持ちもありました。

そこで、健康、体力の維持のためにもいいだろう、ということから走り始めたのです。

テニスとか野球の場合は相手、仲間が必要ですが、ジョギングなら自分一人で自分の都合のいい時間にできる健康法だと思ったからです。

以来、市内で開かれる二つの大会には毎年参加してきました。

ただ走るだけだと、生身の人間ですから、続けるのが嫌になることもあ

スイム

バイク

ります。

しかし、レースに出場するという目標があると、励みになるものです。それで週に一回、土曜か日曜を利用して五〜十キロのジョギングを続けました。

その結果、県議時代は七十五キロあった体重も、六十四、五キロと大学時代に戻りました。

トライアスロンとの出会いは、八年ほど前でしょうか。テレビでレースを観て感動し、「海も山もあり全国一の面積を誇るいわき市でトライアスロン大会ができないか」と思いました。そして、そのためにはまず自分で体験してみなければ、とバイク（自転車）を買って、乗り始めたのです。

水泳もクロールでは二十五メートルしか泳げなかったので、少しずつ距離を延ばしていきました。

しかし、自己流のトレーニングだったので、レースに出場する自信は全くありませんでした。

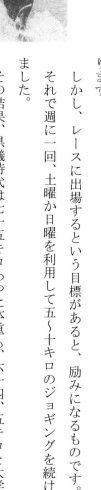

ラン

そんな折、県トライアスロン協会理事長の森崎俊紘さんの言葉巧みなお誘いを受け、初レースに臨むハメになってしまったのです。もちろん酒の席でのことでした。

初レースは、トライアスロンに興味を持ち始めてから三年後の平成八（一九九六）年六月の阿武隈トライアスロン大会でした。四十六歳の時です。

何とか無事完走し、その充実感に病みつきになってしまいました。

今だから言えるのですが、参議院議員選挙の告示の十日前に開かれた矢祭町でのレースに出場したほどです。

その日は、午後から現職大臣を迎えて私の演説会が、いわき市で組まれていたので、周りの人たちからは止められました。

それでも私はレースに出場し、ゴールしてから会場に駆けつけたのです。

平成十一年はトライアスロン五回、ロードレース八回、自転車レース二回に出場しました。

レースを終えて、トライアスロンの仲間達と

平成十二年も同じくらいのペースで、各種大会に出ています。

今、私が子供のころは病弱だったと言っても、誰も信じてくれません。

もちろんレース中は苦しい思いもしますが、ゴールインした時の満足感、感動は、とても言葉では表現できないものです。

そして、トライアスロンにしろロードレースにしろ、長距離のレースは、私たち（とりわけ政治家）の人生そのものなのではないでしょうか。

現在は市長の時よりも時間はとれませんが、東京といわき、あるいは県内での往き来の中で、何とかやりくりをして三種目それぞれを週に一回はトレーニングするようにしています。

トライアスロンはシドニーオリンピックから正式種目となりました。「鉄人レース」といったイメージがありますが、高齢の愛好者も多く、順位やタイムにこだわらなければ、私のように練習時間の少ない者でも続けられる競技です。

スイム、バイク、ラン三種目のトレーニングにより、バランスのとれた健康、体力づくりに役立つスポーツです。

そして私にとっては、気分転換とストレス解消の手段でもあるのです。これからもマイペースで汗を流し、少なくともあと十年は現役として頑張りたいと思っています。

心身ともにたくましい子供たちの育成のためにも、一つの種目にかたよらずバランスのとれた体力増進を図ることのできる、トライアスロンの普及に力を注いでいきたいと考えています。

中高年の方々にも、健康の大切さ、スポーツの楽しさを味わっていただきたいと願っています。

より充実した生活が送れるはずです。

そのために私も「ミッシー元気倶楽部」を発会させ、仲間の皆さんとサイクリング、ゴルフをはじめ、いろいろなスポーツを楽しみ、活動しています。

市長として最後の要望

参議院選挙へ出馬を決意

私は平成九（一九九七）年九月二日付でいわき市長を辞職しました。自民党県連の要請を受け、翌年七月に行われる参議院選挙に福島選挙区から立候補するためでした。

その経緯を説明すると、次のようになります。

その年の五月に自民党いわき総支部から、衆議院第五選挙区の支部長就任の依頼がありました。

当時、第五選挙区に自民党の国会議員はおらず、支部長も空席になっていました。衆議院選挙が近いという風評もあったので、私に要請がきたのでしょう。

もちろん、支部長に就任することは、次の衆議院選挙の候補者となることを意味していました。

現職の市長ということもあり、私には軽々に判断することのできない問題でした。

即答を避けていると、六月に入って今度は自民党県連から参議院議員選挙への立候補を要請されたのです。

どちらの要請も内々のものでした。

私はどちらの要請も断りました。

市長としての任期を全うしたいという気持ちが強かったのです。

首長の進退は非常に難しいものだと思います。私自身は三期を目安と考えており、その意味でも二期目を最後まで務めたいと考えていたのです。

それでも、七月に県連から参議院議員選挙への正式な出馬要請がありました。

このころには、私への出馬要請がマスコミも知るところとなり、新聞などに私の名が挙がるようになっていました。

福島県選挙区の定数は二人で、これまでは自民党が独占していました。

しかし、現職の鈴木省吾先生が引退することになり、自民党では二議席を守るため、新たな候補者の擁立が急務だったのです。

私は「考える時間をいただきたい」として、返事を先送りにさせてもらいました。市政を担う立場だけに、慎重な態度をとらざるをえなかったのです。

鈴木省吾先生から激励を受ける

八月に入って、再び要請がありました。

いつまでも結論を出さずにいることもかなわぬことであり、私はお盆前に正式な態度を表明することを決め、後援会や市議会などと協議することにしたのです。

正直言って、これまでに経験したことのない、ぎりぎりの選択でした。

市長としての任期を全うしたいという気持ちに変わりはありませんでした。

関係者からも同様の意見は数多く寄せられました。

しかし、その一方で地元に自民党の国会議員が不在という状況に対する危機感も強かったのです。

実際、市長という立場で国にいろいろとお願いする時、政権与党の国会議員のバックアップがないことの弱さは否めませんでした。

また、現在の法律では、地方自治体と首長の権限にはかなりの規制が存在しています。

それが地方分権を進める際の高い壁になっており、私が属していた全国

市長退任の日

青年市長会でも共通の悩みとなっていました。

熟慮に熟慮を重ねた結果、私の気持ちは出馬の方向に傾いていきました。三十六万市民といわき市の将来を考えた時、地元に市政の進展を力強く支える国会議員がいたほうがプラスになると考えたからです。

そして、市長として感じた地方分権の推進に力を尽くしたい、と思うようになりました。

後援会の意見が出馬でまとまったこともあり、私は参議院議員選挙への出馬を決意したのです。

市長選挙に出馬する時がそうだったように、今回もこれが自分の天命のように感じました。

私は八月十一日に党県連に対し、出馬要請を受諾することを正式に伝えました。

そして九月二日付の辞表を提出したのです。

九月二日付としたのは、九月一日に中国の撫順市との友好都市締結十五周年記念式典が予定されていたからでした。

私が即座に辞表を提出したのは、参議院議員選挙への立候補を決めた以上、市長職にとどまるべきではないと考えたからです。

市長としての公務であっても、選挙の事前運動と誤解されるかもしれません。

私としては、きちんとけじめをつけたつもりでした。

私の辞職に伴う市長選挙が九月二十八日に行われ、私の後継候補として立候補した四家啓助さんが当選しました。

そして、私も参議院選挙に向けて本格的な行動を開始したのです。

自民党本部で公認証をいただく

三つ巴の苦しい選挙戦

参院選は、文字通り足で票を掘り起こす選挙になりました。当時、私の後援会があるのはいわき市だけで、他の市町村には全くありませんでした。

しかも、自民党現職候補の佐藤静雄先生は私が動き出す四か月以上前から選挙に向けた活動に入っていたので、すでに県内の組織という組織は佐藤陣営にほとんど押さえられており、私を支持してくれる組織は皆無に近い状況でした。

私は徒手空拳で戦った市議会議員時代を思い出し、初心に返って毎日、福島県内を歩き回りました。

一日に平均三百キロぐらい車で走り、同級生、私の後援会メンバー、青年会議所で活動していた当時の仲間、他の市町村にいるいわき出身者、トライアスロン仲間などの縁故やつてを頼って、組織づくりに努めました。

しかし、なかなか思うように組織ができず、いまだかつてない厳しい戦い

シンボルマークのついた選挙カーで走る

になりました。

そのうえ、翌平成十（一九九八）年の三月末になって、人選が難航していた非自民勢力の候補者が急転直下、決まりました。

渡部恒三先生（衆議院副議長）の秘書の佐藤雄平さんが無所属で出馬することになったのです。

佐藤雄平さんは渡部先生の片腕として中央省庁関係の陳情をすべて切り盛りしていた人なので、市町村長をはじめとする玄人筋には知名度抜群の強敵です。

それまでは私と佐藤静雄先生の自民党二人が先行していたため、このまま二つの議席を自民党で独占できるのではないかという見方が強かったのですが、佐藤雄平さんの出馬によって事実上、三人で二議席を争う熾烈な選挙戦に突入することになりました。

三つ巴になったことで、私の戦いはいっそう厳しくなりました。

今まで組織づくりが進んでいた所が突然止まったり、逆戻りしたりして、公示前の三か月は非常に苦しい活動を強いられました。

参院選最終日最後のお願い
―いわき駅前で―

全県一区の参院選はただでさえ有権者の反応がつかみにくいのに、福島県の場合は県土の広さがそれに拍車をかけて、まるで糠に釘を打っているような手応えのなさでした。

ただ、幸い私が幼少時代を過ごした会津高田町と小野町では同級生や知り合いの人たちが一生懸命に応援してくれました。

実際、開票結果を見ると、この二つの町の得票数は予想を超えるものでした。四、五十年も前の縁を忘れずにいてくださった会津高田町と小野町の皆様には、いくら感謝しても感謝しすぎることはありません。

また、予想外だったのは、同じロードレースに出場した人たちが私の知らないところで応援してくれたことです。

私はいわき市長に就任して以来、年に二回開催されるいわき市内のロードレースには必ず出場していました。

そのレースにいわき市以外から出場して私と一緒に走った人たちが、私を抜いたり、私に抜かれたりしたことで親近感を持ち、同じ走る仲間として自発的に声をかけ合って応援の輪を広げてくれたのです。

投票日の翌朝、新聞を眺める

そのことを選挙後に知り、スポーツや趣味を通じた触れ合いの大切さを改めて痛感しました。

本当に苦しい選挙戦でしたが、「最も多くの有権者に接したのは自分だ」という自信だけは持っていました。

私は約十か月の期間を通して、企業の朝礼巡りや夜のミニ集会といった地道な活動に徹し、有権者一人ひとりと直接触れ合う機会を可能な限りつくりました。

一方、佐藤静雄先生は現職のため地元での運動に費やせる時間にはどうしても制約があったでしょうし、佐藤雄平さんは出馬決定から投票日まで三か月半しかありませんでした。

この時間的なアドバンテージをうまく生かして、草の根的な運動で二十六万人近い有権者に浸透することができました。それが最大の勝因だったと思います。

この本の冒頭のドラマは、このような経緯があって生まれたものでした。

選挙戦を通して、本当に多くの皆様にお世話になりました。

熱心な、心あたたまる、そして力強い応援をいただいた皆様のお顔に接するたびに、当落は自分自身だけにかかわる問題ではない、支持者の皆様のためにも絶対に負けられないぞと、ファイトがわいてきたものでした。

当選はゴールではありません。

新たなスタートです。

皆様方の期待に応えられるよう精進を重ねてまいりたい。そう固く胆に銘じております。

Ⅳ　人づくり　地域づくりが　国づくり

人づくりこそ政治の要

――どのような政治信条をお持ちですか。

私は市長時代、「まちづくりは人づくりから」というスローガンを掲げながら市政を運営してきました。この考えは参議院議員になっても変わりません。

「国づくりは人づくりから」と考えています。国の基本は教育、つまり人材の育成だと考えます。とくに日本の場合は資源が少ない国ですから、人材が最も重要な国の資源であり、財産となります。人づくりの中でもとりわけ急務なのが、次代を担う子供たちの教育です。

いじめや不登校、学力の低下、学級崩壊など、教育現場の荒廃が大きな社会問題になっています。小・中・高校におけるいじめの発生件数は平成九（一九九七）年で四万二千七百九十件にのぼっています。水面下のものを含めると、実際はもっと多いでしょう。

不登校の児童・生徒は十二万七千七百人にものぼり、年間約十一万人もの高校生が学校生活に絶望して退学しています。

子供の自殺、凶悪犯罪の低年齢化も、憂慮すべき問題です。

多くの方々から指摘されていますが、これらの問題は画一的な尺度で生徒を評価し、偏差値至上の成績評価をはかろうとする我が国の教育制度が行き詰まっている証拠であり、思い切った教育改革に取り組まなければならない大切な時期にきていると感じています。

初登院の日、国会議事堂の前で

「たくましさ」を育てる

――〝学級崩壊〟や少年の凶悪犯罪が多発していますが、今の子供たちには何が欠けているのでしょうか。

私がいわき市長に就任して最初にぶつかった難問が、いじめの問題でした。

私が市長になったのは平成二（一九九〇）年の十月ですが、その数年前にいわき市でいじめによる中学生の自殺事件が起き、市が訴えられて裁判になっていました。

裁判自体は同年十二月、和解にこぎつけましたが、その過程でいじめ問題について自分なりにいろいろと深く考えさせられました。

いじめの問題はいじめる子供が加害者、いじめられる子供が被害者で、加害者が一方的に悪いという単純な構図ではないと思います。

いじめる側、いじめられる側、周囲の子供たち、つまり学級やグループの子供たち全体に、何らかの要因があると考えます。

初登院

私は現代の子供たちには「心のたくましさ」が欠けているのではないか、と感じました。

いじめにあっても自殺や逃げる道を考えるのではなく、人に相談したり周囲に働きかけて解決しようとする心のたくましさ。

他人をいじめたり、弱い人を攻撃しない心のたくましさ。

「自分もいじめられたらイヤだから」と、いじめを黙認するのではなく、みんなで解決していこうと行動する心のたくましさ。

子供たちがこうした心のたくましさを備えていれば、いじめや不登校の問題に限らず、非行の誘惑にも負けないのではないでしょうか。

たくましい心と丈夫な体を持った人間に育つことが、何よりも大切です。

「群育」のすすめ

――〝心のたくましさ〟を身につけるには、どのような教育が必要だとお考えですか。

知育、徳育、体育の三つが日本の教育の柱でしたが、今の時代はそれに加えて「群育」が必要だと考えます。

「群育」とは私の造語で、グループ活動の体験を通しての教育という意味です。

グループ活動の中で自分の義務や責任を果たしたり、グループの一員として権利を主張したり、他人を思いやる心を育てたり、集団活動の中で人間関係を学ぶことは、生きることの基本です。

心のたくましさを育むことにもつながります。

人間は一人では生きていけませんから、こうした基本を子供の時から学ぶことが大切だと考えています。

私が子供のころは「群育」の機会は至る所にありました。

学校が終わると近所の子供たちが集まって、ガキ大将を中心に群れをなして遊んでいました。

兄弟も多く、家庭の中でも集団生活を送っているようなものでした。

子供たちは大勢で一緒に遊んだりケンカをしたりする中で、集団活動における人間関係や社会のルー

東京での支援者の集いで

ルを知らず知らずのうちに身につけていきました。

ところが、最近の子供たちは外で群れをなして遊んだり、大勢で行動する機会に恵まれていません。

友達を家に呼んでテレビゲームをするなど、同年代の少人数で遊ぶことがほとんどで、少子化のせいで兄弟が大勢いる家庭も少なくなっています。

年上の子供、年下の子供、強い子供、弱い子供と、いろいろな仲間と遊ぶことで社会性や社交性が身につき、お互いの個性を認め合う態度が育まれるので、現代っ子には意識して「群育」の場を提供していくことが必要でしょう。

家庭でのしつけ、学校での教育だけでは限界があります。

地域の教育力を再認識し復権していくことも、大切な視点です。

白虎隊《びゃっこたい》で有名な会津藩校「日新館」では十歳で正式に入学することになっていましたが、それ以前の六歳ごろから、地域ごとに子供の教育が行われていたといわれています。

その教育方法が、まさに地域の教育力を活用した「群育」だったのです。

同じ町に住む子供たち十名前後を「什《じゅう》」と呼ばれる一つのグループとし、子供たちは遊びなどを通じて、幼い者でも無理なく年長者への尊敬や礼儀を覚え、知識を身につけることができました。

「什《じゅう》の掟《おきて》」という申し合わせがあり、その内容は

「年長者の言うことは聞かねばなりませぬ」

「うそを言ってはなりませぬ」

「卑怯なふるまいをしてはなりませぬ」

などであり、最後に「ならぬことはならぬものです」と結ばれていました。

こうした集団での教育を通して、自然な遊びのうちに社会人としての基本を学んでいたのです。

私が市長時代に始めた「わんぱく森の探検隊」事業は、小学五年生から中学三年生の子供たちが九日間山中でテントに寝泊りする集団活動で、群育のひとつの試みです。

集団でスポーツや遊びをさせるだけでなく、自然との触れ合いや共同生活などの体験学習を組み合わせることで、より効果的な群育が可能になると思います。

フランスでは普通の農家が子供たちに農場を開放して、家畜の世話や農作業を見学、体験させることで生きた教育を実践する「農業ファーム」が行われ、効果を上げています。

こうした試みは、日本でも大いに参考にできるでしょう。

ある調査では、日本の児童・生徒は「ボランティア活動を全くしたことがない」という子供が七十四・七パーセントを占め、「現在、ボランティア活動をしている」子供はわずか二・七パーセントであると言われています。ボランティア活動中の子供が二十・七パーセント、ボランティア活動をしたことのない子供は四十・一パーセントというアメリカとは、大きな開きがあります。

自分が人の助けになる喜び、社会的弱者への思いやり、福祉や環境への関心など、ボランティア活動が子供の教育に与える好影響は計り知れません。

こうした考えから、私は奉仕活動や体験学習の機会を増やすよう、委員会などで質問や提言を重ねてきました。

現在、平成十四（二〇〇二）年の「学校完全五日制」を前に、いろいろな場で教育改革プログラムが論議されています。

森喜朗首相の私的諮問機関である教育改革国民会議の第一分科会報告書では、

「一年のうち小中学生は二週間、高校生は一か月間、共同生活を送るなどしながら奉仕活動に従事する」

「将来的に満十八歳を迎えた国民に対し、一年間の奉仕活動を義務付ける方向で検討する」

という内容が盛り込まれました。

こうした案の実現や具体化に向けて、引き続き努力していきたいと考えています。

自国に誇りを持った人こそ国際人

――国際化社会においては、どのような人材が求められていると思いますか。

「国際社会の中で活躍できる日本人の育成」が急務であることは言うまでもありません。

国際人というと、英語がペラペラの人や、海外事情に詳しい人というイメージがありますが、私はそれ以前に、もっと大切なことがあると考えます。

外国語を話すとか、外国の文化を理解するというのはもちろん大切ですが、その前に日本の文化や伝統、歴史などを理解して、日本の国に誇りや愛着を持つということが前提として必要ではないでしょうか。

自分の国のことをよく知らず、祖国に誇りや愛着もない人が、ほかの国の文化や歴史を学び、尊重し尊敬することはできません。

また、異文化コミュニケーションは、自分と相手の国の文化の違いや共通点を理解することから始まります。

外国人と対等なコミュニケーションをするには

「私たちの国にはこんな文化があります」

「岩城光英さんの国会での活動を支援し岩城光英さんと共にいわきをよくする会」で

「日本にはこんな風習があります」

などと、日本や日本人について相手にきちんと説明できるだけの知識も必要です。

このような自国への誇りと知識を持った日本人の養成こそが、国際人の育成の第一歩なのです。

そのためにも自分たちのふるさと（地域）や祖国の伝統、文化を学び、誇りを持てるような「ふるさと教育」の実践が大切です。

そしてこのことが、その地域に生まれ育った自分に自尊心を持つことになり、さらにはふるさとをもっと良くしたいと、まちづくりや地域づくり、国づくりに貢献する原点にもなると考えます。

人間的魅力こそが教える力となる

――子供に教える側の教員についてはどうお考えですか。

時代は今、大きな転換期にきており、それに合わせて学校教育も国際教育や情報教育など新しい教育科目が導入され、また、既存の科目にも新たな要素が次々に入ってくることになるでしょう。

そうした学科内容や教育カリキュラムなどハード面だけでなく、ソフト面、つまり児童や生徒を教える教員についても変革が求められてくるものと考えます。

子供を取り巻く環境が変化し、価値観が多様化する中では、教員には従来以上の幅広い資質が必要です。

「心の教育」をしようにも、教えるに足る資質と人格が教員に備わっていなければ、指導はできません。現在は学校を出て教員採用試験に合格してすぐに先生になる人がほとんどですが、学校の世界しか知らない若い先生がすぐ子供を教えたり、父母ともスムーズに接したりするのは難しい時代になっています。

教員になる前に、民間企業での体験やボランティア活動、あるいは青年海外協力隊で活動するなど、外の世界での経験を採用の条件に加えていくことも必要ではないかと考えています。

議員会館でレクチャーを受ける

また、教員は公務員と同じく一度採用されると定年まで一生、身分を保証される職業で、よほど大きな問題を起こさない限り、クビになることはありません。

こうした「一回合格すれば一生安泰」というシステムでは、自ら学び成長していこうという向上心が失われがちです。

長年勤めているとだんだん視野が狭くなり、教頭になれるか、名門校に赴任できるかといった教員の世界だけでの勝ち負けが仕事の目的になってしまうような人も、なかにはいます。

そこで、任期中に適格性を判断して教員として向いていない人、問題がある人には教員免許を更新しないという、運転免許のような更新制度を導入することも必要でしょう。

どんな基準で、誰が更新を判断するかは難しい課題ですが、教員免許が無期限有効というのは問題です。

教員の自己啓発のために、民間企業にある「リフレッシュ制度」のような制度を導入することも有効でしょう。

採用前にいろいろな分野で経験を積んでも、何年も学校で過ごしているうちに実社会とだんだん感覚のズレが生じてきます。

そこで、十年に一回ぐらいは長期の休暇を取り、民間企業で勤務したり、ボランティア活動や海外体験をする機会をつくるとよいのではないでしょうか。

海外で日本語を教えるとか、日本文化について講義をするとか、教員だからこそできる海外体験、国際貢献の方法はいくらでもあります。

そういう「生きた体験」を経験してこそ、人間的魅力や深みがあり、生徒にも良い影響を与えられるような先生になれるのではないでしょうか。

私は市長時代に「市民が学校にやってきた」というタイトルのもと、地域のおじいさん、おばあさんを学校に招き、昔話や地域に伝わる伝統芸能や遊びなどを直接、子供たちに教えていただく機会をつくり、好評をいただきました。

核家族化が進み、世代間の対話も少なくなっている現在、こうした試みには大きな意味があるのではないかと考えます。

多くの人が指摘していますが、官庁や企業で経験を積んだ人、農業や漁業、林業、伝統工芸など専門の分野で経験を積んできた人など「生きた知識」を持った人が、教員として教えていけるような方策を考えることも大切です。

こうした教員資格の規制緩和も含めて、新時代に適応した柔軟性のある教員採用システムの改革が必要です。

生涯学習・スポーツには地域施設の活用を！

――高齢化社会への対応はどのように考えますか。

豊かな人生には「働く」「学ぶ」「遊ぶ」という三つの要素が不可欠です。

高齢化社会の進展に伴い、生涯学習・生涯スポーツの推進を図っていくことは、今後ますます重要になります。

生涯学習は各地で盛んになってきていますが、高齢者も自分が興味のあることを気軽に勉強できるような機会をさらに増やしていくことが求められます。

学校や公共施設を開放して、学習サークル、趣味のグループ、ボランティアなど社会活動などに、もっと多くの人が参加できるような体制づくりも考えていかなくてはなりません。

あるいは自分のこれまでの経験を生かして、若い人に地域の伝統や風習を伝えたり、専門知識を教えるなど、住民同士が互いに教え、教わるというかたちで生涯学習を展開していくのも、非常に素晴らしいことです。

私は自分のトライアスロンの経験から、生涯スポーツの重要性を実感しています。

これまで日本のスポーツはどちらかというと、学校の部活動や選手の育成など、能力開発や勝ち負けの面にばかり力が注がれてきました。

スポーツには趣味やレジャーとしての面もあります。一般の人がもっと楽しく、誰でも気楽にスポーツができ、それぞれの体力や能力に合わせて一生、スポーツと付き合っていけるような環境を整えていくことが大切です。

そうしたスポーツ環境の整備、生涯スポーツの推進は、健康増進の面からも、老人医療費削減の面からも、有効なことです。

都会にはスポーツ施設がたくさんあるようにみえますが、決してスポーツ環境に恵まれているとは言えないようです。

私は平成十一（一九九九）年の夏、こんな体験をしました。

ちょうどトライアスロンの大会が近づいていたので、東京でも水泳のトレーニングをしておこうと思い、千駄ケ谷の東京体育館屋内プールに出かけました。

プールに入ったら、びっくりしました。まさに芋洗い状態で、利用者はプールの中で立って順番を待っています。

前の人が五メートルぐらい泳いだら次の人が泳ぎだし、端まで泳ぎ着くと、また順番待ちです。私は千五百メートル続けて泳ぐつもりでプールに行ったのに、ターンすらできません。

このプールに限らず、ほかの公共プールや民間のスポーツジムでも似たような状態だそうです。それ以来、私は東京でのプールの利用を避けるようになりました。

一方、地方の場合は立派なスポーツ施設を造ったけれども使われていない、あるいは市民のニーズに合わないものが造られている所がたくさんあります。

大型競技場などには、イベントの時だけ盛況で、普段はろくに使われていない施設も多くあります。立派な施設が造られても、車で何十分もかかるような場所にあっては、利用するのは休日だけということになります。

日常的にスポーツを気軽に楽しむには、小規模でも身近で便利な場所にスポーツ施設があるのが一番です。

そこで考えていきたいのが、学校の部活動や地域のスポーツ少年団を活用していくことです。

これらの活動は子供たちが中心ですが、もっと年代層を広げて、子供から大人まで含めた地域のスポーツクラブ的な存在になっていけば、生涯スポーツの核となり、裾野の拡大にもつながると考えます。

このような状況を踏まえて、文部省が「総合型地域スポーツ育成モデル事業」を進めています。

これはスポーツを愛好するさまざまな地域住民が自主的に参加して組織を運営し、地域のスポーツセンター等を拠点にして、種々のスポーツ活動のできる総合型スポーツクラブを、モデル事業として育成しようというものです。

平成十二年度までに四十七市町村で実施されていますが、今後この事業が定着すれば、先の生涯スポーツが重要であるという私の提言も実現に近づいていくものと考えております。

市町村の元気が日本の元気につながる

――地域振興についてどうお考えですか。

日本を構成するすべての市町村それぞれが元気を出すことが日本の活力につながっていくと、私は以前から考えておりました。

日本の国全体から見ても、地域振興が最良の活性化の方法です。地域の振興は農林漁業、商工業、地場産業、伝統工芸、医療、保健、福祉、教育、文化など、生活にまつわるすべての分野に関わってくるからです。

全国には三千二百二十九の市町村があり、それぞれ置かれている状況が違います。

人口が集中している大都市もあれば、過疎で悩んでいる地域もあります。高齢化が進んでいる地域もあれば、若者や子供が多いベッドタウンもあります。

それぞれが地域の実情に合わせて、個性と魅力あふれるまちづくりを進めていけば、地方が光り輝く存在となり、それが日本の再生につながると考えています。

日本に「グリーンツーリズム」を！

――そのためには具体的にどのようなことが課題になるとお考えですか。

いろいろな方策が考えられますが、そのひとつとして観光面からの取り組みがあげられます。

定住人口の増加が望めない今日、地域の活性化のためには、交流人口を増大させることが大切な課題です。

私たちは、季節や気分に合わせて、さまざまな機会に旅行に出かけ、「観光・旅行」は、余暇の過ごし方として、生活の一部としてすっかり定着しました。見知らぬ土地を訪れ、素晴らしい景色や人々に触れることは、人生のうるおいや、活力として得難い経験です。

観光事業は、地域の文化、経済活動の活性化につながり、雇用はもちろんのこと、地域の振興、国際交流に大きく影響する事業です。また、交流人口が増大するということは、観光産業以外の幅広い産業にも波及効果をもたらします。

観光の経済効果は、現在のところ約二十兆円規模に成長し、波及効果等、他の分野を含めると五十兆円規模に上る、巨大マーケットになっています。

国民の消費需要を喚起し、景気浮揚や雇用の創出を図っていく上でも観光振興は極めて重要な産業だと考えます。政府もいわゆる「連休化法」（ハッピーマンデー化法）や、学校の土曜休日化など、休暇の長期化への取り組みを行い、観光振興に力を注いでおります。

しかしながら、国際交流・観光の面では、まだ立ち遅れている状況です。日本から海外に出ていく人は、毎年千六百万人ですが、一方、我が国に来訪する、外国からの観光客はわずかに四百万人で、四分の一という数字です。このアンバランスを何とかしなければなりません。

運輸省は、外国人観光客の来訪促進のため、「ウエルカムプラン21」という海外キャンペーンを展開しております。

福島県においては、会津地方を「あづま路～武家のロマン、日本のふるさと、自然と温泉との出会い～」と位置づけ、重点的に海外へ宣伝活動を行っております。

また、最近はインターネットを通じた英語による情報提供等の基盤整備も進めており、四百万人を倍増させたい方針です。

ところで、全国各地に公的宿泊施設があります。これらの事業は、戦後の福祉娯楽施設の少なかった時代に国民の福利厚生に役立てるという目的のもとに進められてきましたが、現在の我が国においてはその意義が薄らいでいる感があります。充実したサービスは民間に任せて、民間では担い切れない他の部分において新しい存在意義を見出すことが必要ではないかと考えております。

これからの日本においては、観光それから旅行とか余暇の過ごし方、そういったライフスタイルが、多様なニーズの変化を受け、変わっていくのではないかと考えます。そういった時代の要請に合ったものをこれからの行政が提言・提案していくといったことも、必要ではないでしょうか。

その中でも、私が市長時代から取り組み、現在も委員会等で取り上げているのが「グリーンツーリズム」です。

これは、ヨーロッパ諸国で広く定着している、農家・漁家に長期滞在しながら、自然や生活、文化に触れ、いろいろな体験を楽しんでもらおうという新しい形の観光です。

平成七年に農山漁村滞在型余暇活動促進法が施行され、農林漁業体験民宿登録制度がスタートし、現在、各市町村においてその取り組みがなされております。

いわき市でも、平成六年にこのモデル整備構想策定地区としての指定を受け、以来、整備構想の策定や体験ツアー等の実施に取り組んでまいりました。

私もドイツのバイエルン州の農家の民宿の経験をしてきましたが、そこでは地域挙げての振興策につなげていこうというさまざまな試みがなされ、行政も積極的にバックアップしておりました。

農林漁業の振興、その地域の自然保護といった意味からも推進すべきであり、都会の人々との交流により、農村・漁村に住んでいる方々が自分たちの仕事あるいは地域に誇りを持つという効果も望めるでしょう。さらに子供たちの農業、林業、漁業等の体験学習にもつながるものです。

しかし、残念ながら、法的規制や登録手続の問題等により、全国的にはやや停滞しているのが実状です。開業要件の見直しや、長期休暇を取りやすくすることなどに取り組み、普及、定着を目指し、努力していきたいと考えています。


――少年時代の「旅」にはどのような意義があるとお考えですか。


体験学習のことにも触れましたが、子供たちが旅に出て、見聞を広めることは大切なことであり、得難い貴重な経験になるでしょう。

十八世紀のイギリスでは、貴族の子弟が一年から五、六年の長期にわたり、教養と幅広い視野を身につけるために欧州大陸を旅する、「グランド・ツアー」という習慣がありました。現在も高校を卒業した多くの若者が、長いものでは一年をかけて世界各国を旅しますが、イギリスにおいて各界のリーダーとなるためには、こうした旅行で、奉仕活動などの価値ある体験を積むことが求められているようです。

日本でも、夏休みを利用して国内を自転車で旅行する子供たちがいます。とても頼もしいことですが、日本の道路事情からすると正直言って危険さを感じています。たとえば高速道路に自転車道を併設するなど、全国的なサイクリングロードのネットワーク化等も考慮していかなければなりません。

また、運輸省は観光地を対象として鉄道車両内への自転車持ち込みモデル事業を実施しております。これが全国に広がっていけば、安全にどこにでも自転車旅行が可能になります。

少年時代は人生で一番多感な時期です。この時期に得た経験は、鮮烈な記憶として残り、後の人生に必ずプラスになるはずです。「かわいい子には旅をさせよ」ということわざがありますが、まさしくその通りだと考えています。

財源問題の解決なくして地方分権なし

――首長と国会議員を経験して〝地方分権〟についてはどのように考えますか。

市長として七年間、ひとつの自治体のトップとして責任ある仕事に携わってきた中で、私が常に感じていたのは国の〝壁〟でした。

創意工夫をこらしたまちづくりを進めたいと考えても、さまざまな困難が伴います。市町村が努力しても夢で終わってしまうことも多く、他の市町村と同じようなまちづくりしか実現できないのが現実でした。市が立案した事業を進めようとしても、国の意向と県の思惑のはざまで悩んだこともありました。

「個性的なまちづくりを進めることができるシステムづくりを国政の場で実現させたい」という気持ちが、参議院議員への立候補のきっかけになったと言えます。

ですから、私にとって地方分権の推進は大きなテーマです。

平成十二（二〇〇〇）年四月から地方分権一括法が施行され、地方分権が具体的に進むことになりますが、まだまだ十分ではありません。

これを本当に実のあるものにして、地方自治を確立できるように、私自身が市議、県議、市長として

議員会館で

経験したことを踏まえて、国政の場で精力的に提言していきたいと考えています。

地方自治を実現するには権限と財源と人間の「三ゲン」が必要と言われています。

権限の部分は今後、徐々に地方に移譲するように進んでいくでしょうが、問題は人間と財源です。

権限が地方に来ることは、地方自治体が全部、自分たちの責任で事業を展開しなければならないことを意味します。

これまでは国に任せておけば大丈夫だったものが、今度は自分たちの責任になります。

ですから行政マンも、もっと政策形成能力を身につけなければなりませんし、住民も意識の向上を図っていかなければなりません。

地方自治を担う人材をいかに育成するかが、各自治体にとって大きな課題となります。

中央省庁の役人が地方で仕事をするとか、逆に地方自治体の職員が中央に行って仕事をするといった交流人事も、有効な方法でしょう。

いわき市では自治省や建設省、運輸省などとの交流人事を実施してきましたが、それを制度化していくのもひとつの方法だと考えます。

お互いに刺激を与え合い、視野を広げていくことも大切な要素になってくるでしょう。

また、地方分権の議論では財源の問題がまだ手つかずの状態になっていますが、財源は最も重要な課題です。

私はこの問題を委員会などで何度も取り上げていますが、総理、自治大臣、大蔵大臣の答弁は「日本の経済状況が正常なペースに戻り好転し、そして国、地方とも財政基盤（税収構造）が安定した段階で、取り組んでいきたい」というものです。

しかし、将来を見越して今から抜本的な見直しを進めていかなければ、いつまでたっても地方自治は実現しません。

財源の問題とは、すなわち国と地方の税源配分のあり方です。

大まかに言うと国の仕事の量を十のうち四とすれば、地方（都道府県、市町村）の仕事は六の分量があります。

仕事の量は四対六ですが、財源の比率を見ると国に入る税収が六で、地方が四と、割合が逆になっています。

その足りない分を国から地方に移すのが、地方交付税や補助金です。

しかし、これら財源のうち特に補助金は使い道を特定された「ヒモ付き」になっていて、地方自治体がその財源をどう使うかについて裁量の余地がありません。

その結果、地方の主体性や自主性が失われ、どこの地方に行っても同じような施策がとられ、独自色の少ない面白味のないまちづくりが行われています。

国と地方の役割に応じて財源も適正に配分し、地方が自主的に使える自主財源の割合を高めていくようなシステムづくりを進めていくべきだと考えています。

経団連でのスピーチ

基礎的自治体の適正規模は？

――都道府県、市町村の規模についてはいかがお考えですか。

日常の人々の生活に関係が深い行政サービスを提供するのは、基礎的な自治体である市町村です。それだけに市町村が主役であるべきだと私は考えます。

しかしながら地方自治を推進する場合、市町村が今のままの規模でいいのか、という疑問があります。

全国には人口が二百人程度の小さな村もあれば、横浜市のように三百万人を超える大きな市もあります。

面積から見ても、神奈川県の二分の一、香川県の三分の二もの広さを持ついわき市もあれば、埼玉県の蕨市のように、いわき市の二百五十分の一の面積しかない所もあります。

これほど大きな較差がある中で、将来的に地方自治や地方分権が進んで権限や財源が市町村に移譲された場合、機能が十分に果たせるのか、疑問です。

なぜなら警察、消防、ごみ処理など生活に密着した行政サービスは、自治体にある程度の財政力や人口規模がないと効率的に提供できないからです。

各地で広域行政や市町村合併への取り組みが進んでいるのも、こうした視点からです。

先に述べたように、全国には三千二百二十九の市町村があります。市町村の数をいくつぐらいに整理すべきかについては議論があり、三百から五百が適当だという人もいれば、千ぐらいがいいという人もいます。

私は当面は千ぐらいが適当ではないかと考えています。

もちろん、合併も機械的に、面積がこのぐらい、人口は何人という割り振りだけで進めて、ただ市町村の規模を大きくすればいいというわけではありません。

山間地域の村や離島など、ほかの地域から時間がかかる場所については、合併してもメリットは少ないので、別の方策でカバーしていかなくてはいけません。

いわき市は五市四町五村が対等合併して生まれた市で、面積は日本全体の三百七分の一、人口は三百五十二分の一に当たります。

私は市長として、いわき市は今後の広域行政や合併のあり方のモデルになると思いながら運営してき

ました。

市町村合併を進めて、最終的には市町村の数を三百程度にしていくのが、適正な規模だと考えます。徳川時代も、藩の数は全国に約三百でした。

先に述べた財源や人材の課題についても、その程度の規模でないと有効な対策が打ち出せないでしょう。

同じような施設をわずか十分ぐらいしか離れていない町村ごとに造ることが問題視されていますが、広域的な行政であれば、この町にはスポーツの施設、この町には文化の施設と役割分担ができて、税金の無駄遣いを防ぐことができます。

地域振興についても、地域の特性を考えて役割分担をすることで、その市町村全体としての大きな力を引き出していくことも可能です。

各市町村の規模が大きくなれば、職員の削減、業務の効率化ができ、行政のスリム化にもつながります。

そうなると、都道府県は今までと比べて相対的に小さな存在となってきます。

一方、国が持つ権限・財源のうち国でなければできないもの（国際経済、外交、安全保障、国家的プロジェクトなど）以外を地方へ移譲していくことを考えると、現在の四十七都道府県では、規模的にも機能的にも荷が重すぎると思います。

これまで国がやってきた仕事の受け皿となるには、現在の都道府県の機能に加え、より広域的な機能を持つ行政主体の存在が必要です。

そこで、現在の都道府県制度を見直し、より広いブロックを単位とする、私自身はネーミングには疑問があるのですが、いわゆる「道州制」の導入を検討していかなければなりません。

平成十二（二〇〇〇）年三月からは自民党内の研究会「道州制を実現する会」で積極的に研究や議論を重ねております。

日本は今、政治も経済も、あらゆる分野で制度疲労を起こしており、従来のシステムの弊害ばかりが目立っています。制度疲労を打破する切り札は、規制緩和と地方分権しかないと考えます。

そのためには国の仕組み自体を大胆に変えていかなくてはなりません。

平成十三（二〇〇一）年には中央省庁の再編がスタートしますし、首都機能移転の議論や衆参両院に設置された憲法調査会での議論などを含め、広い視野から日本の国と地方のあり方を議論するには、今が絶好のタイミングです。

私も全力で、この問題に取り組んでいきたいと考えています。

市長時代、上海での小名浜港ポートセールスで

公共交通機関の位置づけが大事

――海運・陸運についての考えをお聞かせ下さい。

いわき市には小名浜港という重要港湾があるだけに、私は市長の時から日本の港湾整備が遅れていることを身にしみて感じてきました。シンガポールや上海、香港の港湾を視察しましたが、日本は大きく立ち遅れています。

日本の場合、外国貿易の貨物量の九十九・八パーセントが港湾から入ってきます。

国の経済における海運の役割は、非常に大きなものがあります。

超高速船「テクノスーパーライナー」が、まもなく実用化されます。これは海運の革命児になると私は考えています。

現在、国内輸送は大部分が陸運ですが、大量輸送には不向きで、排気ガス問題もあります。超高速船が実用化されれば、トラック輸送と大差ない時間で物を運ぶことができます。

海運は環境への負荷も少なく、大量輸送が可能なので、陸運とうまく組み合わせていけば、極めて利用価値があります。

こうした点を含めて、総合的な港湾の整備、活用に力を注いでいく必要があると考えています。

さらに、地球環境問題や交通渋滞の解消といった観点から、地方都市圏においても新たな交通システムの構築に向けて、鉄道、バス、路面電車、ＬＲＴなどの公共交通機関をどう位置づけていくかが、これからの課題です。

サイクルパワーが明日をつくる

――注目する交通手段は何ですか。

ドイツには「トラック一杯の新薬よりも一台の自転車」ということわざがあるそうです。

自転車に乗ることは誰にでもできる有酸素運動で、健康維持やダイエットにも最適です。

排気ガスも出さず、環境にやさしい交通手段でもあります。

私自身も普段から自転車に乗り、サイクリングやトライアスロン競技を楽しんでいます。

自転車は、短距離では利便性の高い交通手段です。

私は市長を務めていた時に、アメリカのデイビス市やドイツのフライブルグ市、エアランゲン市などの自転車先進都市を視察しました。

欧米では自転車を生かした交通体系、交通政策を進めている国がたくさんあります。

たとえばイギリスでは平成八（一九九六）年に「国家自転車戦略」を定め、自転車を公共交通機関等と並ぶ中心的機関と位置づけ、自転車交通施策を伴わない新たな交通計画は、一切認められないことになりました。

日本でも平成十（一九九八）年三月、いわゆる「五全総」の中で初めて自転車についての記述がなされ、同年六月の「地球温暖化対策推進大綱」でも自転車が取り上げられました。

建設省は平成十二年度に「自転車利用環境総合整備事業」を創設し、エコサイクルシティーをめざして自転車道や自転車駐車場の整備を図る計画です。

それらが追い風となり、将来にわたってさまざまな試みがなされようとしています。

自転車を考慮した交通政策に取り組み始めた自治体もあります。

自転車対策は、多くの省庁の施策に関連があります。

平成十三（二〇〇一）年には省庁再編で運輸省と建設省が統合し、国土交通省が誕生しますが、これからは総合交通体系の中での自転車の位置づけを明確にし、主要な交通手段のひとつとしてどう活用すべきかという大きなビジョンの中で検討すべき課題だと考えています。

しかしながら、自転車には放置自転車や危険走行などマナーの問題で、これまでマイナスイメージが強かったことも事実です。

これらの問題については、自転車駐車場の整備、自転車が安全に走行できる自転車専用レーンを車道、歩道とは別に確保するなど、国としても法整備等の支援体制を強化し、その解決に努めていく必要があります。

岩城光英　略年表

年	月日	主な出来事
昭和二四年（一九四九）	一一・三〇	父が平警察署神谷駐在所から会津高田警察署赤沢駐在所に転勤
	一二・四	いわき市平にて生まれる
昭和二五年（一九五〇）	一月	平から会津高田町へ転居
昭和二九年（一九五四）	三月	父が会津高田警察署尾岐駐在所に転勤
昭和三一年（一九五六）	四月	会津高田町立尾岐小学校に入学
		父が小野警察署に転勤、一日のみの在校となる
		小野町立小野新町小学校に転校
昭和三七年（一九六二）	三月	小野町立小野新町小学校卒業
		父が磐城警察署に転勤
	四月	磐城市立小名浜第二中学校入学

昭和四〇年（一九六五）	三月	磐城市立小名浜第二中学校卒業
	四月	福島県立磐城高等学校入学
昭和四一年（一九六六）	一月	休学
	九月	復学（再び一年生に）
昭和四四年（一九六九）	三月	福島県立磐城高等学校卒業
	四月	上智大学法学部入学
昭和四八年（一九七三）	三月	上智大学法学部卒業
	四月	サントリー㈱入社
		東部洋酒営業部販売第一課勤務
	六月	退社
		アルバイトをしながら専門学校に通う
昭和四九年（一九七四）	八月	父の病気により帰郷
	一二月	父が死亡
昭和五〇年（一九七五）	一二月	日本警備保障㈱入社、いわき営業所勤務
	一一月	㈱シナガワ入社
昭和五一年（一九七六）	九月	いわき市議選、沼田一之候補の事務所で手伝い
	一二月	衆議院総選挙、菅波茂代議士の事務所で手伝い

昭和五二年（一九七七）	二月	沼田一之市議の事務所に勤務
	四月	学習塾「英智学館」を開く
昭和五三年（一九七八）	三月	結婚
昭和五四年（一九七九）	四月	長女しのぶ誕生
		いわき市議補選（平地区）に立候補、落選
昭和五五年（一九八〇）	九月	いわき市議選（平地区）、初当選
昭和五七年（一九八二）	四月	自由民主党いわき総支部青年部長
昭和五九年（一九八四）	九月	いわき市議選、当選（二期目）
	一〇月	自由民主党いわき総支部事務局長
昭和六〇年（一九八五）	一月	㈳日本青年会議所福島ブロック協議会副会長
	六月	自由民主党福島県連青年部幹事長
昭和六一年（一九八六）	八月	福島県議補選、当選
昭和六二年	四月	福島県議選、当選（二期目）

（一九八七）		福島県議会福祉環境常任委員会副委員長
	五月	自由民主党福島県連副幹事長
昭和六三年（一九八八）	六月	長男光隆誕生
平成　元年（一九八九）	四月	自由民主党福島県連政務調査会副会長
平成　二年（一九九〇）	九月	いわき市長選、当選
平成　六年（一九九四）	九月	いわき市長選、当選（二期目）
平成　七年（一九九五）	一〇月	全国青年市長会会長
平成　九年（一九九七）	九月	いわき市長辞任
平成一〇年（一九九八）	七月	参院選福島選挙区にて当選 参議院交通・情報通信委員会委員、決算委員会委員
平成一二年（二〇〇〇）	九月	参議院予算委員会理事、地方行政・警察委員会委員

いわき市長としての歩み

年	月日	主な出来事
平成二年 （一九九〇）	九・三〇	いわき市長選挙で一〇五、二一六票を獲得して初当選。
	一〇・二〇	いわき市第七代市長に就任。
	一一・　二	「奥州藤原三代ゆかりサミット」を開催し、都市間交流の必要性を実感する。
	一一・　八	市長就任後初の議会、一一月定例会が開催。冒頭「市長就任の挨拶」において、「常に謙虚な心を忘れることなく、市民一人ひとりの心を大切にし、清らかにそして開かれた市政運営」を基本に「未来を開く創造性豊かな人づくり」や「二十一世紀を目指した魅力ある都市づくり」など四つの施策の柱などを表明する。
平成三年 （一九九一）	二・二四	マンガ「いわき発見伝」を発刊。
	四・　一	「市民講師登用事業」を開始。明日を担う子供たちの、

		ふるさとの歴史、文化、生活などへの理解を深める。
	四・一二	「いわきコンピュータ・カレッジ」が開校、情報化時代を担う人材育成を図る。
	四・二四	初の「市政ふるさと炉端懇談会」を開催。積極的に若者の声を聞く機会を設ける。
	七・二二	「わんぱく森の探検隊」の実施。八泊九日間、市内の小中学生五六人が川前鬼ケ城山中を中心に自然生活体験を積む。大自然の中で、自給自足的な生活や仲間とのふれあいを通して、心の豊かさやたくましく生きる力を育む。人づくりの重要施策。
	八・二一	オーストラリア、タウンズビル市で同市との国際姉妹都市締結調印式を挙行（いわき市では一一月二〇日）。両市民が恒久的な友好と親善を誓い合い、いわき市のさらなる国際交流の道を開く。
	一一・七	シンガポールでの「ジャパンフェスティバル」に参加。引き続きインドネシアの漁業等を視察。
平成四年（一九九二）	三・一九	「いわき市水道水源保護条例」を制定。水道に係る水質汚濁防止と清浄な水の確保を図るため、市の水道水源や

	その上流地域において水質を保全することが必要な区域を指定するなど、水源を保護し、市民の生命と健康を守る取り組みである。
五・一〇	「田人おふくろの宿」を開設。中山間地域の活性化の核となる施設で、地域資源を生かした各種イベントが開催できる交流の場としての活用を期待。
五・一四	いわき市代表友好訪中団団長として、「いわき市撫順市友好都市締結一〇周年記念式典」に参加する。
一一・一〇	いわき市の「シンボルマーク」を発表。いわきの「い」と「人　まち　自然」が輝く姿を太陽をモチーフとして表現したもので、福島県内、日本、世界へ向けて広くアピールし、イメージアップをはかるために作成。
一一・一九	久之浜地区に、日本初の化石の露頭観察施設である「アンモナイトセンター」を開設。化石という地域の特性をうまく生かした施設で、化石ファンの子供たちの夢を育む。

	一一・二三	第一回「いわき伝統芸能フェスティバル」を開催。じゃんがら念仏踊りなど、市内はもとより全国各地域に伝わる踊りを通して、ふるさとを再発見し、心豊かな社会の実現と伝統芸能の保存伝承を図る。
	一二・二一	「第四次いわき市総合計画基本構想」を策定。「人　まち　自然が輝く交流ネットワーク都市」を将来都市像に掲げ、平成一三年を目標に、市の都市魅力を高めながら、市内外との交流を促進して人、モノ、情報が集まる活力ある都市の実現を目指す。この基本構想を、その後の市政運営の基礎として堅持する。
平成五年（一九九三）	四・一	二一世紀を目指したまちづくりをするため、弾力性に富んだ効率的な執行体制の確立と総合調整機能の充実を図る行政機構改革を実施。
	一〇・一二	アメリカ・カリフォルニア州サクラメント市で開催された「日米市長及び商工会議所会頭会議」に出席し、第一分科会で「いわき市の廃棄物対策」をテーマにスピーチする。国境を越え、グローバル化した廃棄物等の環境問

		題を講演するなど国際感覚を磨く。 自転車先進都市のデイビス市を視察。 ドス・パロス市では、米国で「ライスキング」と敬愛されている、いわき市出身の国府田敬三郎さんが創始した国府田農場を視察。 カリフォルニアとホノルルで福島県人会を訪問。
平成六年（一九九四）	七・一	平上荒川公園内に市民プールを開設し、スポーツ施設整備にも力を注ぐ。
	七・一四	東京観光物産交流センター「いわき・ら・ら」を開設。市の観光や物産、歴史、文化などの特性を全国に向けて発信するアンテナショップ。
	八・三〇	「いわきグリーンスタジアム」、「いわきグリーンフィールド」が竣工。「二一世紀の森整備構想」に位置づけられた市の球技場で、「ふくしま国体」の競技会場でもあり、二一世紀のいわき市民の交流拠点施設として整備。
	九・二二	「いわき海洋&エネルギー」交流拠点構想が国の振興拠点地域制度で承認される。市の総合計画推進の原動力に

		もなる構想。小名浜地区には海洋文化・学習施設の整備が位置づけられた。
	九・二五	いわき市長選挙で一〇二、六三七票を獲得して再選。第八代市長となる。
	一〇・二〇	多くの市民、市議会議員、市の職員が出迎える中、初登庁。就任式では、いわき市の将来都市像「人　まち　自然が輝く交流ネットワーク都市」の実現を図るため、開かれた市政を目指しながら、全力で活力あるいわきのまちづくりに取り組む決意を表明。
平成七年（一九九五）	二・二四	市のまちづくりやＰＲについて、県外から応援をもらうため、「サンシャイン大使制度」を創設。いわきの魅力を全国に広める「コミュニケーション元年」の新規施策。
	四・一	「いわき未来づくりセンター」を開設。地域のことは地域に住む市民が考え、市民がまちを創っていく、そのために必要な調査研究、広報出版、人材の育成等の活動を展開する政策提言機関である。地方分権時代を象徴する施設で全国の市レベルでは先進的な取り組み。

六・二八	フランス、イギリス、ドイツ、ハンガリーを視察。環境と共生するまちづくり、自転車を生かしたまちづくり、総合交通政策、港湾再開発等の都市開発のあり方、グリーンツーリズムなどを学ぶ。
七・七	市特産のイチゴとナシから造った、いわきワイン「苺の夢・梨の風」を発表。いわき自慢のイチゴとナシをより一層PRし、市のイメージアップを図る。
八・二	磐越自動車道いわき・郡山間が開通。この開通により、市も本格的な高速交通時代を迎えることになり、交流人口の増加を図るため、市外に向けたイベント等の情報発信がより一層重要となることを再認識。
九・九	「ふくしま国体夏季大会（ヨット競技会）」が一二日まで、いわきサンマリーナで開催。開催期間中には、秋篠宮同妃両殿下がお成りになられ、市長として貴重な経験を積む。
一〇・四	いわき湯本温泉の新しいシンボルとして「さはこの湯温泉保養所」を開設。常磐地区の貴重な財産「温泉」を活

	かした地域振興策で、集客力に期待。
一〇・一四	「ふくしま国体秋季大会」が一九日まで市内各施設で開催。市内では、バスケットボールやラグビーフットボールなど五競技が行われ、市民に多くの夢と感動を与え興奮のうちに閉幕する。多くの市民の協力が大会を成功に導き、大会を通して心を一つにして燃え上がった市民の偉大なエネルギーと自信を感じ取る。
一〇・二七	四九歳までに当選した市長により構成される「全国青年市長会」の総会がいわき市で開催される。大規模な災害に見舞われた場合の都市間の災害相互応援体制の確立を決議し、役員改選により、第六代会長に就任する。
一〇・三一	「磐越自動車道沿線都市交流会議」が発足。磐越自動車道沿線都市の首長と経済人によって構成され、地域を越えた連携軸の形成と交流・連携による相互の向上・発展を目指す。
一一・一三	「日米市長及び商工会議所会頭会議」が横浜にて開催される。

		「新時代における日米都市の役割」と題した市長部会で座長を務める。都市の防災と都市間協力をテーマに研究討論が行われ、被災都市の経験に学ぶことの重要性、行政、地域コミュニティ、企業などとの連携の必要性等を討議結果としてまとめる。
	一二・一	北茨城市と消防相互応援協定を締結。両市が、自然等の災害の発生時に、消防・救急の両分野で、配備している機材や人材を相互に出動させ、市民生活の安全性を確保するもの。
平成八年（一九九六）	一・九	「世界に開かれたまち」の自治大臣表彰を受ける。これまで市が取り組んできた中国・撫順市との友好都市やオーストラリア・タウンズビル市との姉妹都市の交流をはじめ、外国からの技術研修生の受け入れなどが評価された。受賞を機会に今後も世界各都市との交流も図っていくことを決意する。
	一・一六	北茨城市と水道相互応援協定を結ぶ。水道施設に係る災害等が発生した場合、県境を越えて相互に応援するもの。

一・二八	いわき市代表ベトナム訪問団団長として、ベトナム国内の港湾都市、香港を訪問。小名浜港のポートセールスで、交流の活性化を図る。
三・二六	いわき弓道場が落成。平上荒川公園内に鉄筋コンクリート造り総床面積約七五〇㎡の弓道場を整備。
	平成一七年度を目標年度にいわきの農業の進むべき方向を明示した「市農業振興基本計画」を策定。産地間競争に打ち勝つ足腰の強い農業経営の実現などを図るため、「個性と魅力ある創造性豊かな農業の確立」を基本とし、産業としての農業づくり、環境と調和した農業づくり、ふれあいを通した農業づくりの三つを柱とした基本目標を掲げる。農業政策の基本となる計画であり、専門家や農業団体等の関係者の意見等も踏まえて策定。農業のおかれた厳しい現実を認識。
七・二二	オーストラリア、タウンズビル市との姉妹都市締結五周年記念事業に参加。
七・三一	市の鳥「かもめ」の愛称を「ミュウ」、市のイメージソ

ングを「想いひとつのハーモニー」と決定。

九・一四　「東アジアMANGAサミット'96」を三日間開催。日本と東アジアのマンガ家たちとの交流を通して、ストーリーマンガの社会的役割と国際的な文化の振興を目的としたものであり、マンガを主体とした初の国際的イベント。

一〇・一　「市制施行三〇周年記念式典」を挙行。式典には、市民をはじめ、市内外からの来賓など約九〇〇人を招待し、歴代市長・市議会議長や市政功労者の表彰、市の鳥「かもめ」やイメージソングの発表などを行う。三〇年の歳月を顧みると、様々な困難を克服し、今日の市の隆盛をもたらしたものは、先人の英知とたゆまぬ努力の成果であることを痛感。先人の皆様に心から敬意を表するとともに、かけがえのない「ふるさといわき」を次の世代に誤りなく伝えていくことを誓う。

「輝くいわき、学びあい都市宣言」を制定。

	一〇・一二	市制施行三〇周年記念事業「きらきらいわき'96」を開催。二一世紀の森公園に一五万人が訪れ、多彩な行事を楽しむ。
	一一・一七	「いわき市ゆかり都市交流会」を開催。市と歴史的に絆の深い都市の首長や藩主の子孫の方などが一堂に会し、相互に交流を図る。今後も積極的に情報交換や交流促進を行うことを約束。
	一二・一七	「いわき市廃棄物の減量及び適正処理等に関する条例」の制定。環境保全、資源の有効利用の観点から、廃棄物の排出そのものを減量することが求められていることから、ごみの細分別を適正かつ効果的に進めるために、市、市民、事業者の責務と役割を明らかにした市の基本的施策を定めたものである。
平成九年（一九九七）	一・二八	第二四回「日米市長及び商工会議所会頭会議」ホノルル会議のための日米合同予備会談に日本側代表として出席。
	二・一	「市役所出前講座」がスタート。市民の自発的な生涯学習を支援するため、市職員が講師となって市民のもとへ

	出向き、講座を開く協働作業には、行政からの情報の公開・発信が重要だけに、市民も期待。
二・一三	「磐越自動車道沿線都市交流会議」(会長いわき市長)の第一回総会が新潟市で開催。連携軸の形成を図るため、全線開通記念スポーツ大会の開催、観光マップの作成、災害相互応援体制の検討を決議する。
二・一八	小名浜港ポートセールスで、中国(上海)、シンガポールを訪問。
三・二五	「いわき市環境基本条例」の制定。
四・一	「いわき市地域交流センター三和ふれあい館」がオープン。デイサービス機能、生涯学習機能、支所機能の三つの機能を併せ持つ総合施設で、地域の交流の場として、また情報発信の場として中山間地域である三和地区の発展に貢献。
五・一三	「いわき市撫順市友好都市締結一五周年記念式典」参加のため訪中。その後小名浜港のポートセールスで上海を訪問。

	五・三〇	七・一	七・二五	九・二
	宮崎県延岡市と兄弟都市を締結。江戸時代に磐城平藩を治めた内藤公が日向延岡藩に転封された縁から、両市間の交流を進め、発展を目指す。	容器包装リサイクル法を受けて、従来の五分別から八分別へ細分別収集が開始。リサイクルプラザ「クリンピーの家」がオープン。資源の選別機能とリサイクル意識の啓発機能を持ち、ごみの減量化や資源の再利用に重要な役割を担う。単身赴任者へいわきをPRする「さわやか交流会」を開催。	小名浜港一号埠頭に、市の観光と物産の中核的な拠点施設「いわき市ふるさと振興センター〝いわき・ら・ら・ミュウ〟」がオープン。いわきの新しい観光スポットとして市内外から多くの観光客などが訪れ、地域の活性化につながる施設。	参議院議員選挙に出馬するため、市長を辞職。

参議院議員　岩城光英　現在の役職

（平成二二年一〇月現在）

参議院

・予算委員会　理事
・地方行政・警察委員会　委員
・金融問題及び経済活性化に関する特別委員会　委員
・憲法調査会　委員

自由民主党

・組織本部　地方自治関係団体　副委員長
・組織本部　運輸交通関係団体　副委員長
・遊説局　次長
・広報局　次長

・地方行政部会・地方税財政対策小委員会　事務局次長
・港湾に関する特別委員会　副委員長

主な議員連盟

・骨髄バンクを応援する若手国会議員の会　事務局長
・自転車活用推進議員連盟　事務局次長
・道州制を実現する会　事務局次長
・パラリンピック推進議員連盟　事務局次長

その他の役職

・福島県トライアスロン協会会長
・福島県自転車競技連盟会長
・福島県ボディビル連盟副会長
・福島県マスターズ陸上競技連盟名誉会長
・福島県港湾漁港協会顧問

岩城光英　全選挙結果

市議補選（第一選挙区）（昭和五十四年四月二十二日）

当	青木稔	一〇、六六〇
当	やの伸一	八、九〇八
	いわき光英	**六、六九一**

市議選（第一選挙区）（昭和五十五年九月二十一日）

当	いとう達也	四、四五二
当	四家啓助	四、三六七
当	かしむら弘	四、一二二
当	菅波庄助	三、九二五
当	矢吹康	三、六二三

当	渡辺多重	三、五七七
当	岩城光英	三、四三三
当	青木みのる	三、三八九
当	おの昌太郎	三、二七五
当	すずき利之	三、二五七
当	政井博	三、一一三
	木田ひろし	二、七一六

市議選（第一選挙区）（昭和五十九年九月二日）

当	いとう達也	四、六五九
当	青木みのる	四、四二〇
当	四家啓助	四、三四五
当	渡辺敬夫	四、〇四四

当	かしむら弘	三、九四三
当	岩城光英	三、八三八
当	菅波庄助	三、六二一
当	政井博	三、六〇五
当	矢吹康	三、五九九
当	すずき利之	三、四三〇
当	おの昌太郎	三、一二六
	もろはし義隆	三、一〇一

県議補選（昭和六十一年八月十日）

当	四家啓助	二三、七六五
当	沼田一之	二一、七七五
当	いわき光英	二〇、四三二

当	はなわ実	一九、一七〇
	かしむら弘	一〇、六五一
	高橋明子	六、七七五

県議選（昭和六十二年四月十二日）

当	小野民平	一四、七四四
当	いわき光英	一四、三八一
当	佐川吉平	一四、三六八
当	鈴木久	一三、八九九
当	佐川正元	一二、四五四
当	はなわ実	一二、三二二
当	吉野まさよし	一一、三八九
当	四家啓助	一一、二二七

当	鈴木みつお	一一、一九三
当	青木みのる	一一、一一〇
	くしだ一男	一一、一〇二
	沼田一之	一〇、〇八一
	馬目智夫	九、七一六
	田久たかお	八、九七三
	小泉たけし	七、七七四
	かしむら弘	七、二六〇

市長選（平成二年九月三十日）

当	いわき光英	一〇五、二一六
	上坂昇	七三、一一七

市長選（平成六年九月二十五日）

当	いわき光英	一〇二、六三七
	長谷部郁子	二〇、二三九

参院選（平成十年七月十二日）

当	佐藤ゆうへい	三三八、六七一
当	いわき光英	二五八、四四八
	佐藤しずお	二四五、〇七九
	佐藤ひでき	一〇九、八四三
	芳賀一太	三二、八一七
	しもふじ芳久	二〇、八二〇
	鈴木尚之	二〇、二六七
	板垣ふみお	一二、一六九

あとがき

私は昭和五十五年九月にいわき市議会議員に初当選以来、政治の道を歩み続け、今年でちょうど二十年になります。そして、今五十歳、一つの節目の年を迎えました。

昔は、人生五十年と言われ、父も五十三歳でこの世を去りました。しかし、自分自身はトライアスロンを完走できる体力に恵まれているので、まだまだ元気でやっていけそうです。でも五十歳を過ぎ、いつまでも若い若いと言われて、その気になってはおれないなと、感じ始めているこの頃です。

トライアスロンで言えば、スイムを泳ぎきり、バイク（自転車）の折り返し地点を過ぎてゴールを目指している状態なのでしょう。そして、これから最後のランを走りきらなければなりません。

これまでの五十年の人生には、いろいろな出来事がありました。さまざまな体験をいたしました。多くの方々に触れ、可愛がっていただき、御指導を賜りました。感謝、感激、感動の日々でした。

とりわけ政治の世界に足を踏み入れてからは、その思いを強くしております。

八回にわたる選挙戦は、七勝一敗でした。とても多くの皆様にご迷惑をおかけし、お世話になって戦い抜くことができました。心から御礼を申し上げます。

皆様お一人おひとりのお心とお力をいただいて、現在の私があるのです。

これまでの自分の歩みを振り返り、そのことをしっかりと心に受け止めながら、これからの人生を歩んでいきたいと思っておりますので、一層の御指導をよろしくお願い申し上げます。

ご教導を賜ってきた先生方、先輩の皆様、私を励ましてくれた多くの友人達、それに若輩の私を支えていただいたいわき市役所の皆様に、心から感謝を申し上げます。

もうすぐ、父の二十七回忌を迎えます。本書を父光郎に捧げます。

参議院議員
岩城光英

平成十二年十月

《著者略歴》

昭和24年12月4日　福島県いわき市平で生まれる。
父親が警察官であったため、会津高田町、小野町で育ち、中学入学時にいわき市小名浜へ。
昭和40年4月　県立磐城高校入学、史学クラブ部長、生徒会副会長を務める。
昭和44年4月　上智大学法学部法律学科入学。合気道部主将を務める。
卒業後、東京でサラリーマン生活や、アルバイトを経験する。
昭和49年　父の死により帰郷。警備会社等に勤務の後、学習塾を開く。
昭和55年〜61年　いわき市議会議員（2期）
昭和61年〜平成2年　福島県議会議員（2期）
平成2年〜平成9年　いわき市長（2期）
この間全国青年市長会会長を務める。
平成10年7月〜　参議院議員。

市民・国民の念いを！
政治に地方からの風を！
—感謝と感動のチャレンジ人生 50 年—

2024 年 6 月 30 日発行
著　者　岩城光英
発行者　向田翔一

発行所　株式会社 22 世紀アート
〒103-0007
東京都中央区日本橋浜町 3-23-1-5F
電話　03-5941-9774
Email: info@22art.net　ホームページ：www.22art.net

発売元　株式会社日興企画
〒104-0032
東京都中央区八丁堀 4-11-10 第 2SS ビル 6F
電話　03-6262-8127
Email: support@nikko-kikaku.com
ホームページ：https://nikko-kikaku.com/

印刷
製本　株式会社 PUBFUN

ISBN：978-4-88877-303-4